성장하는 조직을 만드는
사내 교육의 기술

성장하는 조직을 만드는

지은이 나현진

✓ 좋은 교육을 위한 전략, 구조, 사례까지
  한 권에 담은 실전 가이드!

✓ 성과를 만들어야 하는 당신의 책상 위에
  반드시 있어야 하는 책!

✓ 성과 중심으로 기획하고 실행하는 실무자의 전략 노트

사내 교육의 기술

MONOBOOKS

프롤로그
조직의 변화는
교육에서
시작된다

"교육은 끝났는데, 왜 변하지 않을까?"

조직은 구성원의 성장을 위해 해마다 수많은 교육을 기획합니다. 연초에 교육 계획을 세우고, 예산을 편성하고, 다양한 프로그램을 운영합니다. 강사를 섭외하고, 교육장을 준비하고, 구성원을 모집해 일정을 조율합니다. 교육을 받는 시간은 곧 조직의 자원을 쓰는 시간이며, 구성원 입장에서도 업무에서 잠시 벗어나 배우는 소중한 기회이기도 합니다.

그런데 교육이 끝난 뒤, 구성원이 무엇을 바꾸었는지를 묻는 질문에는 늘 망설이게 됩니다.

"오늘 정말 좋은 강의를 들었어요"라는 말은 들리지만, 그 이후에 무엇이 달라졌는가를 살펴보면 좀처럼 보이지 않습니다.

오히려, "막차 시간이 빠듯해서 조금 일찍 나가봐도 될까요?"라는 말이 교육 말미에 가장 자주 들리는 말이 되기도 합니다. 교육이 일회성 이벤트로 소비되는 사이 교육에 기대했던 변화는 어느새 뿌연 안개처럼 사라지고 맙니다.

많은 교육이 '참석했는가'를 확인하는 수준에서 멈춰 있고, '무엇을 배웠는가'에 대한 질문조차 흐릿해집니다.

이 책은 바로 그 질문에서 출발했습니다.

"교육은 했는데, 왜 변하지 않는가?"

사내 교육을 수없이 기획하고, 다양한 강의를 준비하며 깨달은 것이 있습니다. 교육의 성패는 강의력이나 콘텐츠, 학습자의 수준이 아니라 '변화를 만들어내는 설계'에 달려 있다는 사실입니다.

좋은 교육은 운에 맡겨서는 안 됩니다. 학습자가 누가 오든, 어떤 상황이든, 몰입하고 행동하게 만드는 구조가 있어야 합니다. 그 구조를 만드는 것이 바로 교육자와 담당자의 역할이며, 그 역할을 '기술'로 다룰 수 있어야 합니다. 사내 교육이 효과를 내기 위해서는 강사의 역량과 전달력뿐만 아니라, 기획 단계에서부터 운영과 평가까지 전체적인 흐름을 설계하는 능력이 필요합니다.

그래서 이 책은 조금 다르게 접근합니다.

강의 기획, 슬라이드 디자인, 전달 방식, 실습 구성, 운영 체크리스트, 피드백과 ROI 분석까지, 사내 교육의 전 과정을 실전처럼 설계할 수 있도록 구성했습니다.

특히 사내 강사 양성과정을 직접 운영하며 만났던 관리자, 교육담당자, 리더들의 생생한 질문과 고민을 바탕으로 구성했기 때문에 이 책에 담긴 내용은 이론보다는 현장에서 실제 활용해 본 전략과 경험으로 채워져 있습니다.

교육학 이론은 많습니다. ADDIE, 가네, 켐프, 딕앤캐리… 그 자체로는 완벽한 설계 도구입니다. 하지만 현실은 계획대로 흘러가지 않습니다. 시간은 갑자기 줄고, 참석자가 늘어납니다. 리더가 불쑥 들어와 흐름을 바꾸기도 합니다. 교육의 목적은 분명한데, 실행 단계에서는 불확실한 상황이 끊임없이 발생합니다.

"강사님, VIP 말씀이 길어져서 2시간 만에 끝내주실 수 있나요?"
"예상보다 인원이 두 배로 늘었어요. 당일 신청자가 있어서요."
"50명의 직원들을 선발하여 6개월간 특별 교육을 시켜야 합니다."
이런 말들이 낯설지 않다면, 이 책은 당신에게 필요한 책입니다.

이런 예측불가의 상황 속에서도 교육의 흐름과 목적을 지켜내는 것, 그것이 현장에서 필요한 '교육의 기술'입니다.

그렇다면, 교육의 기준은 무엇일까요?

교육은 정보 전달이 아닙니다. 단순히 좋은 내용을 말하는 것만으로는 부족합니다. 교육의 진짜 기준은 오직 하나, '변화'입니다.

'교육이 끝난 후, 학습자가 실제로 무엇이 바뀌었는가.'

'하루 뒤에도, 한 달 뒤에도, 그 경험을 기억하고 실천하고 있는가.'

변화를 만들어낼 수 있어야 비로소 진짜 교육이라 할 수 있습니다. 그리고 그 변화를 만드는 일은, 결코 추상적인 이상이 아닙니다. 몰입을 끌어내는 질문, 실습을 통한 적용, 실행을 유도하는 구조와 피드백, 학습자를 중심에 두고 설계된 흐름. 이 모든 것은 반복과 훈련을 통해 실현할 수 있는 '기술'입니다.

이 책에는 그 변화를 만들기 위한 질문과 도구, 전략이 담겨 있습니다.

단지 교육을 잘하는 사람이 아니라, 교육을 통해 조직의 변화를 이끄는 사람. 그런 교육자를 위한 책입니다.

교육은 세상을 바꾸는 가장 평화로운 도구입니다. 한 사람의 인식이 바뀌고, 행동이 바뀌고, 조직이 바뀌는 일. 그 시작점이 바로 오늘 우리가 기획하고 설계하는 '사내 교육'입니다.

이 책이 그 변화의 출발점이 되기를 바랍니다. 그리고 교육이라는 여정 위에 선 모든 분들의 든든한 동반자가 되기를 바랍니다.

나현진

차 례

프롤로그 – 조직의 변화는 교육에서 시작된다   4

Chapter 1.
좋은 사내 교육은 무엇이 다른가
조직이 교육에 진심이어야 하는 이유

- 배움은 변화를 만든다 – 교육의 본질과 역할   13
- 조직은 왜 교육에 투자하는가 – HRD의 관점에서 바라보기   24
- 좋은 교육에는 이유가 있다 – 강사의 역할과 역량   36
- 인재를 키우는 교육 – 조직이 원하는 역량과 학습의 연결   46

Chapter 2.
사내 교육, 기획부터 다르다
설계 없는 교육은 통하지 않는다

- 교육의 성공은 설계에서 시작된다 – 교수 설계와 학습 경험 디자인   61
- 실패하는 교육의 공통점 – 학습자 분석과 맞춤형 설계   76
- 방향이 있어야 길이 보인다 – 효과적인 학습 목표 수립   90
- 콘텐츠가 곧 메시지다 – 자료 구성과 스토리 설계   108

Chapter 3.
학습자의 몰입을 설계하라
집중과 참여를 끌어내는 교육의 기술

- 교육에 빠져들게 만드는 법 – ARCS 모델과 몰입 전략 ... 121
- 강의는 전달이 아니라 영향이다 – 메시지 설계와 전달력 ... 135
- 스토리와 흐름이 중요하다 – 구조화된 강의 운영법 ... 150
- 교육 효과, 측정할 수 있어야 한다 – 평가 도구와 피드백 전략 ... 162

Chapter 4.
사내 교육의 완성은 현장에서 결정된다
운영과 성장의 기술

- 슬라이드는 강사의 무기다 – 강의 자료 디자인 전략 ... 177
- 교육장은 학습의 무대다 – 환경 셋업과 돌발 상황 대처법 ... 199
- 기획이 탄탄해야 흔들리지 않는다 – 강의 기획서와 셀프 체크리스트 ... 212
- 강사는 계속 성장해야 한다 – 트렌드, 도구, 변화 대응 역량 ... 224

Chapter 1.

좋은 사내 교육은 무엇이 다른가

조직이 교육에 진심이어야 하는 이유

- ✅ 배움은 변화를 만든다 – 교육의 본질과 역할
- ✅ 조직은 왜 교육에 투자하는가 – HRD의 관점에서 바라보기
- ✅ 좋은 교육에는 이유가 있다 – 강사의 역할과 역량
- ✅ 인재를 키우는 교육 – 조직이 원하는 역량과 학습의 연결

배움은 변화를 만든다
교육의 본질과 역할

1) 교육의 본질 : 단순한 정보 전달이 아닌 '역량 개발'

"교육은 과연 무엇일까?"

대부분의 사람들은 '교육'이라는 단어에서 '정보 전달', '강사의 일방적인 강의', '학습자의 수동적인 수용'과 같은 이미지를 떠올립니다. 하지만 조직 내에서의 교육은 이런 제한적이고 단편적인 이미지를 뛰어넘어야 합니다.

> 교육은,
> 인간을 인간답게 하는 작용이다
> -Immanuel Kant
>
> 끊임없는 경험의 재구성 과정이고,
> 생활이며, 계속적인 성장이다
> -John Dewey

교육의 본질은 전달이 아니라 변화다

조직 교육의 진정한 목적은 구성원들이 조직의 문제를 명확하게 이해하고, 이를 스스로 해결하며, 조직의 성장에 기여할 수 있는 실질적인 역량을 개발하는 것입니다. 즉, 교육의 본질은 구성원의 행동과 태도를 근본적으로 변화시키는 데 있습니다. 이를 위해 교육의 설계는 반드시 학습자의 실제 업무 환경과 연결되어야 합니다.

한 연구에 따르면, 조직 내 교육의 효과가 가장 극대화되는 시점은 교육 직후가 아니라 실제 업무에 적용하는 과정에서 나타난다고 합니다. '좋은 강의는 수업이 끝난 뒤에 진정으로 시작된다'라는 말이 있습니다. 강의실을 나서는 순간부터 교육의 진정한 효과가 나타나기 때문입니다.

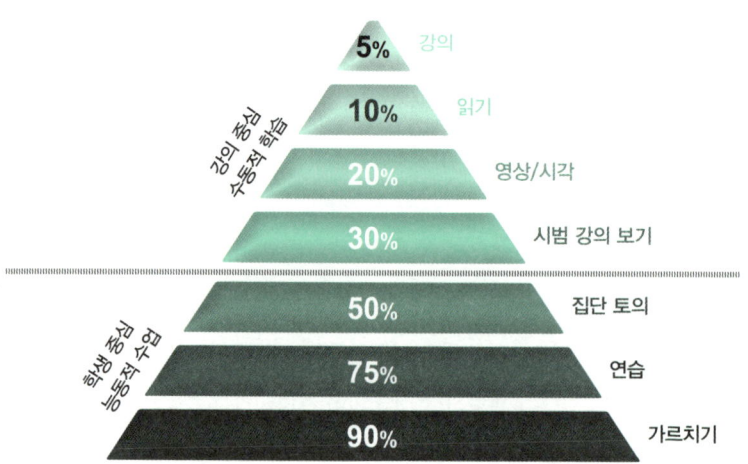

이러한 맥락에서 효과적인 조직 교육은 다음과 같은 방향 전환이 필요합니다.

- 공급자 중심 → 학습자 중심의 교육 설계
- 지식 암기 중심 → 실무 적용 및 행동 변화 중심의 교육 목표
- 단기 이수 교육 → 장기적인 행동 변화와 성과 창출이 가능한 교육 프로그램

또한, 구성원이 교육 내용을 스스로 동료들과 공유하고, 학습한 내용을 실제 과제에 적용하며, 나아가 동료를 코칭할 수 있을 정도로 충분한 자신감을 느끼도록 설계되어야 합니다. 교육을 통해 습득한 역량이 반복적으로 실무에 적용될 때, 개인은 물론 조직 전체의 성과와 문화도 발전할 수 있습니다.

A사의 조직 역량 개발 프로젝트

한 기업의 사례를 통해 진정한 교육의 의미를 명확히 알 수 있습니다.

A사는 기존에 실시하던 법규와 규정 중심의 정보 주입식 강의가 실질적인 성과를 내지 못하고 있음을 발견하고, 근본적인 변화를 모색하기 시작했습니다. 이에 따라 정보만 나열하는 방식에서

벗어나, 실제 현업의 문제를 해결하는 '문제 해결형 워크숍' 중심의 교육 프로그램으로 방향을 전환했습니다.

이 프로그램에서는 직원들이 팀 단위로 현장에서 발생한 문제를 토론하고, 해결 방안을 도출하여 직접 기획하고 실행하는 실습 위주로 구성되었습니다. 교육 후에도 일정 기간 각 팀에서 주기적인 코칭과 피드백 세션을 진행하여, 지속적인 실천과 행동 변화를 유도했습니다.

결과적으로 교육 만족도는 물론, 직원들의 현장 문제 해결 능력과 조직 내 협력 문화가 눈에 띄게 개선되었습니다. 특히, 참여 직원들은 교육이 실질적인 업무 변화로 이어졌다고 평가했으며 이 프로그램은 조직 내 표준 모델로 정착하여 장기적으로 확산되었습니다.

2) 조직 교육의 목적과 효과

"왜 어떤 교육은 성과로 이어지고, 어떤 교육은 아무런 변화도 만들지 못할까?"

많은 조직이 매년 수많은 교육 프로그램을 운영하지만 실질적으로 조직의 변화나 구성원의 행동 개선으로 이어지는 경우는 많지 않습니다. 그 이유는 '교육이 왜 필요한지'에 대한 질문을 제대로 던지지 않기 때문입니다. 교육은 조직의 목표와 개인의 성장을 연결 짓는 전략적인 도구여야 합니다.

조직의 목표와 개인의 성장이 연결될 때 교육의 효과는 극대화된다

조직에서 교육이 이루어지는 이유는 분명합니다. 구성원이 더 나은 성과를 낼 수 있도록 돕기 위해서입니다. 직무 교육뿐 아니라 힐링 프로그램, 팀워크 중심의 워크숍 등도 결국은 직원들의 스트레스를 줄이고 협업을 촉진함으로써 성과 향상에 기여하기 위한 것입니다.

교육이 제 역할을 하기 위해서는 개인의 성장이 조직의 목표와 명확하게 연결되어야 합니다. 이와 함께 교육을 통해 구성원이 자신의 역할을 더 깊이 이해하고, 조직 전체의 방향성과 맞물려 움직일 수 있어야 합니다.

교육 과정을 설계할 때 교육 담당자는 다음의 질문을 스스로에게 던져야 합니다. '이 교육은 조직의 어떤 전략과 연결되어 있는가?', '이 교육을 받은 사람이 어떤 행동을 바꾸고, 어떤 결과를 만들어야 하는가?'

학습자 역시 교육에 참여할 때 '이 내용이 내 업무에 어떤 도움이 될까?'를 생각하며 교육에 몰입할 수 있어야 합니다. 이러한 질문과 기대가 일치하는 순간, 교육은 정보 습득에 그치지 않고 변화를 이끄는 촉매제가 됩니다.

하지만 현실에서는 교육이 '지식 습득 프로그램'처럼 운영되는 경우가 많습니다. 일부 학습자는 교육을 '업무에서 벗어나는 잠깐의 휴식'으로 여기기도 합니다. 이는 교육이 실무와 연결되지 못하고, 왜 필요한지에 대한 메시지가 분명히 전달되지 않았기 때문입니다.

잘 설계된 교육은 시작부터 담당자나 강사가 '오늘 왜 이 자리에 모였는가'를 명확히 설명하며 학습자의 몰입을 이끕니다. 반대로, 그렇지 못한 교육은 교육의 목적이나 개요 설명도 없이 자기소개만 장황하게 이어가며 강의를 시작합니다. 그러면 결과는 분명합니다. 학습자가 교육이 자신과 무관하다고 느끼는 순간, 그 교육은 어떤 효과도 발휘하지 못합니다.

✎ 모든 교육 과정은 담당자가 설계한 전략적 결과물이다

교육은 강의를 기획하는 일에 그치지 않고, 조직의 방향성과 사람의 행동을 설계하는 일입니다. 그러므로 다음의 세 가지 원칙을 반드시 고려해야 합니다.

▶ 효과적인 실무 교육을 위한 세 가지 원칙

- 조직의 목표와 연결된 교육 설계

  조직이 추구하는 전략, 부서의 역할, 학습자의 직무를 반영한 교육 내용이어야 합니다.

- 현장 적용 중심의 학습

  이론이나 원칙보다도 '업무 현장에서 곧바로 활용할 수 있는 방식'으로 구성되어야 합니다.

- 사후 평가 및 피드백 시스템 운영

  교육 후 적용 여부를 점검하고 피드백을 바탕으로 다음 교육에 반영하는 시스템이 필요합니다.

결국, 교육이 강의실 안에서 끝나는 것이 아니라, 현장에서 다시 살아나는 구조를 갖춰야 합니다. 그리고 그 시작은, 교육 담당자와 학습자가 교육의 목적을 명확히 이해하는 데서부터 시작됩니다.

Education
= 'e(밖으로)' + 'ducare(끌어내다)'

3) 지속 가능한 학습 문화 조성

어떤 교육은 조직에 자리 잡지만, 어떤 교육은 흔적도 없이 사라집니다. 많은 조직에서 교육은 단발성 이벤트로 끝나기 쉽습니다. "이번 분기에 이런 교육을 했습니다"라는 보고서 한 줄로 남거나, 학습자들이 강의실을 나서는 순간 잊히기도 합니다. 그러나 변화의 속도가 빨라지는 지금, 교육은 단순히 '실시했습니다'가 아니라, '이런 성과를 만들었습니다'로 이어지는 조직의 성장 여정입니다. 즉 '러닝 저니Learning Journey'라고 할 수 있습니다.

교육 담당자는 이 여정을 설계하고, 학습이 조직 전체에 스며들도록 이끄는 설계자이자 촉진자입니다. 학습이 자연스럽게 이어지는 환경을 조성할 수 있을 때, 교육은 점이 아니라 선으로 연결되고, 결국 하나의 문화가 됩니다.

📝 **교육이 문화가 될 때, 변화는 자연스럽게 따라온다**

그렇다면 조직 안에 학습 문화를 어떻게 정착시킬 수 있을까요? 다음은 지속 가능한 학습 문화를 만들기 위한 세 가지 실천 전략입니다.

① 업무 속에서 자연스럽게 학습하기

교육을 '따로 떼어놓은 활동'으로 인식하기보다는, 업무 속에서 배우고 적용하는 흐름을 만들어야 합니다. 예를 들어, 실무에 직접 연계된 마이크로러닝Microlearning 콘텐츠를 제공하거나, 정기 회의 시간 10분을 짧은 학습 공유 시간으로 활용하는 방식도 좋습니다.

② 실습과 피드백을 반복하는 구조 만들기

교육 후에는 반드시 피드백과 실습이 뒤따라야 합니다. 강의만으로 끝나지 않도록 멘토링이나 미니 프로젝트를 통해 학습자가 실제로 실무에 적용할 수 있는 구조를 설계하세요. 작은 성공 경험이 반복될수록 학습 효과는 커지고 구성원 자신도 교육의 가치를 체감하게 됩니다.

③ 학습 결과를 나누고 확산시키기

학습은 나눌 때 더 오래 남습니다. 사내 게시판이나 메신저, 내부 플랫폼을 활용해 구성원들이 '내가 배운 것을 어떻게 적용했는지'에 대해 자유롭게 공유할 수 있도록 유도해 보세요. 실패 사례도 함께 나눌 수 있다면 더욱 건강한 학습 문화로 이어질 수 있습니다.

B기업 사례 : 실무 적용 챌린지의 힘

B기업은 교육을 일회성으로 끝내지 않기 위해 '실무 적용 챌린지'를 도입했습니다. 이 프로그램은 교육을 통해 배운 내용을 실제 현장에서 실행해 보는 데 초점을 두었습니다. 교육을 수료한 직원들은 2주 이내에 교육에서 다룬 주제 중 하나를 선택하여 자신의 실무에 적용해 보는 과제를 수행했습니다.

이때 가장 중요한 점은 '완벽한 실행'이 아니라 '작은 시도'였습니다. 회사는 실천에 대한 부담을 줄이기 위해 도전 자체에 의미를 두었고, 시도 결과가 반드시 성공일 필요는 없다고 강조했습니다. 이러한 접근 덕분에 직원들은 실험적 시도를 자유롭게 할 수 있었고, 창의적인 해결책도 도출되었습니다.

과제 수행 후에는 간단한 후기를 사내 플랫폼에 공유해야 했습니다. 후기는 500자 이내의 짧은 글로, 자신이 무엇을 시도했고 어떤 결과를 얻었는지를 자유롭게 서술하는 형식이었습니다. 흥미로운 점은 실패 사례도 적극적으로 공유되었다는 것입니다. '이런 시도는 해봤지만 잘 안됐다'라는 사례가 오히려 다른 팀에게는 유익한 참고가 되었고, 피드백을 주고받는 과정에서 팀 간 교류도 활발해졌습니다.

특히 한 직원이 공유한 보고서〈일일 실적 공유 자동화 도구 적용 사례〉는 큰 주목을 받았습니다. 이 시도는 업무 효율을 높이는 데 그치지 않았습니다. 다른 부서에서도 채택되었고, 유사한 자동화 프로젝트로 확산되며 조직 전반에 변화를 일으켰습니다. 사내 교육팀은 이 과정을 정례화하여 '학습 → 실행 → 공유 → 확산'의 구조를 조직 내에 안착시켰습니다.

교육이 문화가 되는 순간, 그것은 더 이상 따로 관리할 필요가 없습니다. 구성원 스스로 배우고, 나누고, 바꾸기 시작할 때, 진짜 변화가 일어납니다.

핵심 정리

- ✓ 조직 교육은 지식을 전달하는 수단이 아니라, 구성원의 행동과 태도를 변화시키는 전략적 도구다.
- ✓ 효과적인 교육은 조직의 목표와 개인의 성장을 연결하고, 바로 실무에 적용할 수 있는 방식으로 설계되어야 한다.
- ✓ 교육이 일회성 이벤트로 끝나지 않기 위해서는, '업무 속 학습 → 실습과 피드백 → 성과 공유'로 이어지는 구조가 필요하다.
- ✓ 진정한 변화는 교육이 문화가 되는 순간 시작된다. 지속 가능한 학습 환경과 러닝 저니Learning Journey를 조직 안에 설계해야 한다.

조직은 왜 교육에 투자하는가
HRD의 관점에서 바라보기

1) HRD란 무엇인가? — 조직 성장의 전략적 설계

"HRD 부서에서 일하고 있습니다."

명함을 건네며 이렇게 자신을 소개하는 사람을 본 적이 있을 것입니다. HRD, 즉 'Human Resource Development'는 단어 뜻으로만 보면 '직원 교육을 수행하는 것'으로 받아들일 수 있습니다. 그러나 HRD는 더 깊은 가치를 지닌 개념입니다. 조직 구성원의 지속적인 성장과 조직 전체의 성과 향상을 전략적으로 지원하는 과정을 우리는 HRD라 부릅니다. 따라서 HRD 담당자는 단순한 '교육 관리자'가 아닙니다. 조직의 성장과 변화를 설계하는 '전략적 파트너'입니다.

HRD 부서의 역할을 단순히 교육 프로그램 운영으로만 생각하면 어떤 교육생이 오는지, 어떤 교육 콘텐츠가 필요한지, 강사가 적절한지와 같은 문제를 고민하지 않게 됩니다. 교육생은 신청해서 참석하는 사람 수가 되고 교육 콘텐츠는 강사가 적당히 준비하는 것이 됩니다. 이런 경우 교육에 대한 애착이 없기에 강사에 대한 존중도 사라지게 됩니다.

자신이 하는 일이 조직의 성과와 변화를 이끄는 중요한 일이라고 생각한다면, HRD 담당자의 태도는 달라집니다. 교육생으로 누가 오는지, 과정에서 어떤 이야기와 흐름이 있어야 할지, 어떤 강사가 이것을 전달하면 좋을지 등에 대해 고민하게 되고 철저한 계획이 수립됩니다. HRD 업무는 누가 어떤 태도로 하느냐에 따라 결과가 크게 달라집니다.

> 조직과 개인의 목표 달성을 위하여
> 직무관련 능력을 조직적으로 확장하는 수단
> -Richard A. Swanson
>
> 직무 성과의 향상 가능성과
> 성장의 가능성을 증대하기 위하여
> 제한된 기간 내에 실시하는 조직적 학습 경험
> -Leonard Nadler

✎ HRD는 교육을 넘어, 조직 성장의 엔진이 되어야 한다

HRD 담당자가 어떤 관점과 원칙으로 일하는지에 따라 조직 전체의 학습 분위기와 성과가 달라집니다. 지금부터 소개할 HRD의 세 가지 역할은, 조직 내에서 HRD가 어떤 가치를 창출해야 하는지를 잘 보여줍니다.

① **직원 역량 개발 및 성과 향상**

조직의 미래는 구성원의 성장에 달려 있습니다. HRD는 직무별 맞춤형 교육 프로그램을 통해 직원들의 핵심 역량을 개발하고, 이를 실무에 직접 적용할 수 있도록 지원해야 합니다. '어떤 직무에 어떤 역량이 필요한가?', '현재 직원들은 어떤 수준에 있는가?', '교육을 통해 어느 수준까지 성장할 수 있는가?' 교육이 실질적인 성과로 이어지기 위해서는 이러한 질문에 대한 깊이 있는 분석이 선행되어야 합니다.

특히, 최근 주목받는 '스킬 기반 접근(skills-based approach)'은 HRD의 전략적 사고를 필요로 합니다. 직무보다 스킬을 중심에 두고 필요한 역량을 데이터 기반으로 정의하고, 측정하고, 계획적으로 개발하는 방식입니다. 이제 HRD는 교육 과정을 운영하는 수준을 넘어 조직의 핵심 역량을 전략적으로 설계하는 역할을 맡아야 합니다.

② 조직 학습 문화 조성

교육은 단발성 이벤트로 끝나서는 안 됩니다. HRD는 학습이 자연스럽게 조직 내에 녹아들도록 해야 하며, 이를 위해 실무와 연계된 지속적인 학습 환경을 만들어야 합니다. 멘토링, 코칭, 액션 러닝 등 실습 기반 학습을 통해 일과 학습이 자연스럽게 통합되도록 설계해야 하며, 직원들이 배운 내용을 일상 업무에 적용할 수 있는 학습 문화를 정착시킬 때, 진짜 변화가 일어납니다. 학습이 일상이 되는 조직은 변화에 강하고, 사람을 중심으로 성장합니다. HRD가 이 문화를 주도해야 합니다.

③ 데이터 기반 학습 성과 분석

교육의 가치를 평가할 때 만족도 조사만으로 평가를 대신하는 것은 위험합니다. '교육이 구성원의 행동과 성과를 어떻게 바꾸었는가?'라는 질문에 답할 수 있어야 진정한 평가가 됩니다. 학습 목표를 명확히 설정하고, 데이터 기반으로 성과를 추적하며, 수집된 피드백은 반드시 다음 교육에 반영해야 합니다. 최근에는 스킬 인텔리전스Skills Intelligence 시스템을 도입하는 조직이 늘고 있습니다.

스킬 인텔리전스란, 구성원이 현재 보유한 기술과 향후 필요 역량을 데이터 기반으로 분석해, 이를 바탕으로 교육 · 배치 · 채용 등 인재 전략을 수립하는 체계입니다. 즉, '무엇을 가르칠 것인가'보다 '왜 이 스킬이 필요하며 어떤 변화로 이어질 것인가'를 먼저 정의하고 설계하는 방식입니다. 이러한 접근은 교육을 단순 운영 차원을 넘어 전략적 인재 관리 수단으로 발전시키는 계기가 됩니다. **데이터 없는 교육은 방향 없는 항해입니다.**

HRD는 데이터를 통해 교육을 조직 성과와 연결하는 전략의 다리가 되어야 합니다.

조직 목표 달성을 위한 스킬 기반 접근과 HRD의 역할

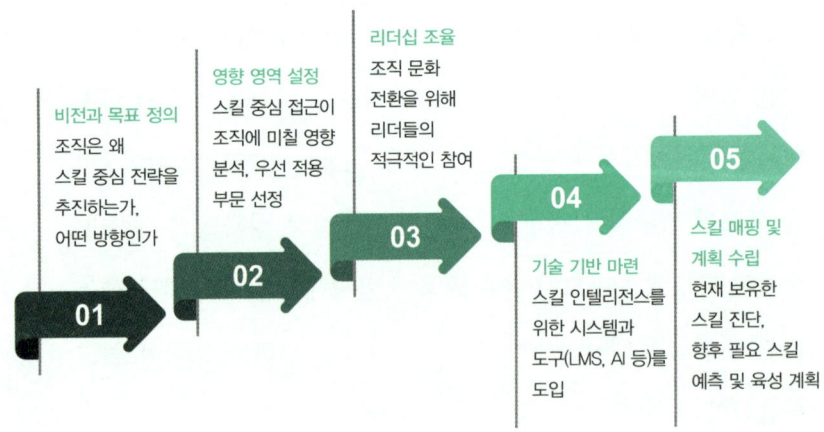

✏️ HRD가 만드는 변화의 힘

 진정한 HRD는 구성원들이 문제를 인식하고 스스로 해결하는 사고력을 기르게 합니다. 또한 개인의 성장을 조직의 성장과 연결하는 구조를 체계화하고, 이를 통해 지속 가능한 경쟁력을 내재화합니다. 학습 문화가 정착된 조직은 구성원들이 자발적으로 배우고, 배운 것을 동료들과 공유하며 함께 성장하는 문화를 만들어 갑니다. 실패한 경험도 열린 자세로 공유되어 조직 전체의 자산이 되고, 피드백을 통해 더 정교한 실행으로 이어집니다. 학습이 자연스럽게 업무와 연결될 때, 조직은 더 빠르게 혁신할 수 있습니다.

2) HRD 담당자의 핵심 역량 — 조직을 성장시키는 설계자

 직무 강의를 위해 대학을 찾을 때면 학생들에게 HR 직무에 관한 질문을 자주 받습니다. 어떤 이들은 HR에 대해 막연한 환상을 품고 있고, 또 어떤 이들은 신입으로는 진입하기 어려운 분야라고 생각하기도 합니다. 그럴 때면 이렇게 말을 꺼내기도 합니다.

 "여러분, 뒤를 한 번 돌아보세요. 지금 보이는 다과와 교재는 누가 준비했을까요?"

조직에서 HR 부서에 배치된다면, 이처럼 교육 운영의 실무부터 경험하게 될 것입니다. 하지만 그것이 전부는 아닙니다. HRD 직무는 '사람을 성장시키는 시스템을 설계하는 일'이며, 행사 기획을 넘어, 조직 전략을 사람의 변화로 연결하는 중요한 역할을 합니다.

HRD 담당자가 갖춰야 할 네 가지 핵심 역량

다음은 HRD 담당자가 반드시 갖춰야 할 네 가지 핵심 역량입니다.

① 조직 목표 달성을 위한 전략적 사고

HRD 담당자는 교육을 조직의 전략적 목표 달성을 위한 수단으로 바라보아야 합니다. "이 교육이 조직의 어떤 전략과 연결되는가?"라는 질문을 끊임없이 스스로에게 던지고, 교육이 조직 전체에 어떤 영향을 미칠지를 고민해야 합니다. 이를 위해 HRD 담당자는 직무 기술서나 연간 교육 계획에만 의존하지 않고, 각 부서의 목표와 인력 운영 전략까지 살펴야 합니다. 현장에 대한 꾸준한 관심과 발로 뛰는 노력이 뒷받침되어야 가능한 일입니다.

② 교육 설계 및 실행 역량

교육이 실제 성과 창출로 이어질 수 있도록 설계할 수 있어야 합니다. 사전에 강사와 논의하여 내용과 전달 방식이 현장에 적용 가능한지 검토해야 합니다. 필요하다면 액션러닝, 문제 중심 학습(PBL), 마이크로러닝 등의 교육 방법론을 적극 도입해 학습 효과를 높일 수 있도록 조율해야 합니다. 신설된 과정이나 새로운 강사가 투입될 때는 반드시 교육에 참여하여 모니터링하고, 개선할 점을 찾아 피드백해야 합니다.

③ 성과 평가 및 데이터 분석

교육이 현장에서 얼마나 효과를 발휘했는지를 만족도 설문에만 의존해서는 안 됩니다. 이상적인 경우, '커크패트릭Kirkpatrick의 4단계 평가 모델' 등을 통해 교육의 효과를 종합적으로 분석해야 하며, 실제로 조직 내에서 어떤 부분까지 평가할 수 있는지 판단하고 실행할 수 있어야 합니다. 비록 모든 교육 효과를 수치화하기 어려운 현실이더라도, 무엇을 측정할지에 대한 기준과 원칙은 반드시 갖추고 있어야 합니다.

④ 디지털 민첩성

기술이 빠르게 변화하는 시대에 HRD 담당자가 디지털 환경에

뒤처지면 교육도 과거에 머무르게 됩니다. 디지털 민첩성은 새로운 툴을 아는 데 그치지 않고, 이를 빠르게 학습하고 교육 현장에 효과적으로 적용할 수 있는 능력입니다. LMS, LXP, 데이터 대시보드, AI 기반 분석 도구 등 다양한 HR 테크놀로지를 적극적으로 활용하고, 구성원들이 쉽게 따라올 수 있도록 자료나 가이드를 직접 제공할 수 있어야 합니다.

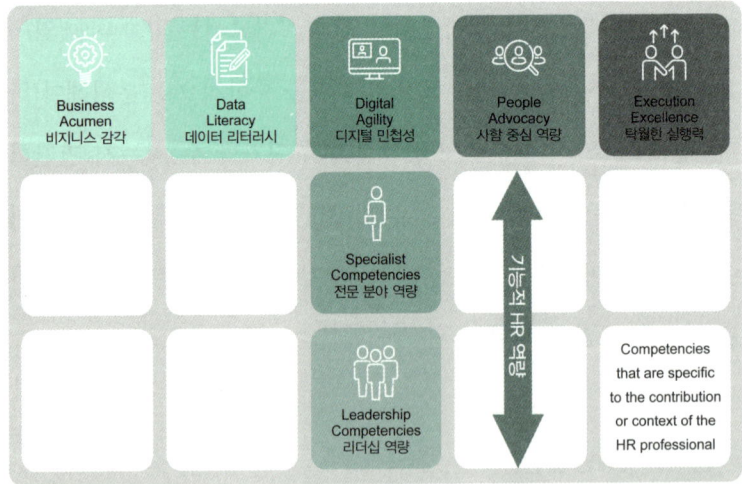

*Source : T-shaped HR Study of more than 25,000 HR professionals and Digital Adoption Survey with more than a 1,000 HR professionals

또한 최신 디지털 트렌드를 꾸준히 학습하고, 실제 HRD에 도움이 되는 기술을 선별해 적용할 수 있는 안목도 필요합니다. 결국 디지털은 수단에 불과하며, 궁극적인 목표는 사람의 성장을 돕는 것입니다. 이 본질을 놓치지 않아야 합니다.

HRD 담당자가 반드시 던져야 할 질문

HRD 담당자는 교육의 가치에 대해 스스로에게 끊임없이 질문해야 합니다.

- 이 교육은 조직의 성과에 어떤 영향을 미칠 것인가?
- 교육 후 구성원이 실무에서 구체적으로 무엇을 변화시킬 수 있을까?
- 조직의 목표와 개인의 성장을 연결하려면 어떤 구조와 지원이 필요한가?

이 질문들에 대한 고민이 깊어질수록 교육은 더 전략적인 도구가 되고, HRD는 조직의 미래를 설계하는 역할을 하게 됩니다.

3) 조직 학습의 진화 — HRD의 새로운 역할

조직의 성장을 뒷받침하는 HRD의 역할은 시대 변화에 따라 빠르게 진화하고 있습니다. 과거에는 HR 데이터베이스를 활용해 교육 과정을 수립하고 관리하는 수준이었다면, 이제는 디지털 기술과 인공지능을 기반으로 한 맞춤형 학습 설계가 필수적인 시대가 되었습니다.

✎ **이제는 '디지털 학습'과 '맞춤형 교육'이 핵심이다**

오늘날, 학습자의 수준과 필요에 맞춰 콘텐츠를 추천해주는 인공지능 기반 학습 플랫폼이 빠르게 확산되고 있습니다. 직원들의 직무, 과거 학습 이력, 현재 업무에서 겪는 어려움을 분석하여, AI가 자동으로 최적의 학습 콘텐츠를 추천해주는 시스템이 구축되고 있습니다. HRD는 과정 기획자에 머물지 않고 데이터를 기반으로 개인화된 학습 여정을 설계할 수 있어야 합니다.

더불어 학습 환경도 급격히 변화하고 있습니다. 더 이상 교육은 정해진 시간과 장소에서만 이루어지지 않습니다. 직원이 필요할 때 즉시 학습할 수 있도록, 마이크로러닝Microlearning과 러닝 플랫폼이 조직 내에 정착되고 있습니다. 기본적인 이론은 짧은 영상이나 콘텐츠로 학습하고, 실습과 프로젝트를 통해 심화학습을 이어가는 방식이 보편화되고 있습니다.

특히 중요한 변화는 학습이 업무와 별개가 아니라 업무 과정 속에서 자연스럽게 이루어진다는 점입니다. 팀 협업 툴(Slack, MS Teams 등)에 학습 모듈을 직접 연동하거나, 업무 자료와 우수 사례를 조직 내 플랫폼에 축적하여 누구나 손쉽게 접근하고 학습할 수 있는 환경을 만드는 것이 핵심 과제가 되었습니다. 이러한 흐름 속에서, 학습은 더 이상 교육 과정에서 이루어지는 이벤트가 아니라, 일상 업무의 일부로 자리 잡아가고 있습니다.

핵심 정리

- ✓ HRD는 조직 구성원의 성장과 성과 향상을 전략적으로 지원하는 과정이며, HRD 담당자는 조직의 변화를 설계하는 파트너가 되어야 한다.
- ✓ HRD는 직원 역량 개발, 학습 문화 조성, 데이터 기반 성과 평가를 통해 조직 성장에 기여해야 한다.
- ✓ HRD 담당자는 전략적 사고, 교육 설계 및 실행, 성과 분석 역량을 갖춘 교육 전략가로서 역할을 수행해야 한다.
- ✓ 조직 학습 환경은 디지털 전환과 맞춤형 학습 중심으로 변화하고 있으며, AI 추천 시스템과 마이크로러닝이 중요해지고 있다.
- ✓ HRD의 최종 목표는 교육을 운영하는 데 그치지 않고, 업무 속에서 자연스럽게 학습이 이루어지도록 정착시키는 것이다.

3. 좋은 교육에는 이유가 있다
강사의 역할과 역량

1) 사내(직무) 강사의 정의와 역할

사내 강사 제도는 특정 직무나 조직 상황에 맞춘 교육을 넘어, 조직 문화를 확산하고 변화를 주도할 핵심 인력을 양성하는 중요한 수단입니다. 특히 청렴, 성 인지 감수성, 안전보건, 회의 문화 등 특정 주제와 조직의 가치 확산이 필요한 분야에서는 강사 양성이 필수적입니다. 최근에는 공공기관과 지자체에서도 이러한 목적으로 내·외부 강사 양성에 힘을 쏟고 있습니다.

> 직무 교육이란,
> 직무 숙련 사내 강사가
> 직무 수행에 필요한 현장과 현물을 활용하여
> 직무 수행에서 경험할 수 있는 두려움을 없애 주는 교육

✎ 일반적인 사내(직무) 강사의 핵심 역할

사내 강사는 지식만 전달하는 역할에 머물지 않습니다. 현장의 경험을 바탕으로 직무 전문성을 나누고 조직의 가치와 문화를 확산시키며, 구성원의 성장과 변화를 이끌어야 합니다. 다음은 사내 강사의 핵심 역할에 대해 정리한 내용입니다.

① **직무 전문가**(Subject Matter Expert, SME)

직무 전문가는 오랜 기간 직무에 종사했다는 이유만으로 전문가가 되는 것은 아닙니다. 직무나 특정 분야에서 탁월한 전문성을 갖추고, 현장에서 체득한 살아 있는 경험과 사례를 교육에 녹여낼 수 있어야 합니다. 최근에는 기본적인 직무 지식조차 유튜브나 무료 온라인 강의로 쉽게 접근할 수 있습니다. 이런 시대에 직무 강사에게 요구되는 것은 문서로 기록된 지식이 아니

라, 오로지 현장에서만 전수될 수 있는 암묵지입니다. 여기에 더해, 지속적인 학습을 통해 최신 트렌드와 업무 노하우를 스스로 업데이트하고, 이를 교육생에게 효과적으로 전달하는 자세가 필수적입니다.

② 조직 문화 전파자

조직의 가치, 목표, 미션을 정확히 이해하고, 이를 직무 교육에 자연스럽게 연결할 수 있어야 합니다. 강의뿐만 아니라 일상적인 업무에서도 솔선수범하는 태도가 필요합니다. '내가 전문가니까 내 말을 들어야 한다'라는 식의 권위적인 자세는 학습자들의 몰입을 방해합니다. 겸손하면서도 영향력을 갖춘 태도를 유지할 때 교육생의 신뢰를 얻을 수 있습니다. 강사의 평소 태도와 강의 메시지가 일치하지 않으면 교육의 몰입도와 효과는 급격히 떨어집니다. 사내 강사는 '우리는 이렇게 일한다'라는 조직 문화의 정착을 이끄는 중요한 역할을 맡고 있음을 항상 인식해야 합니다.

③ 코치이자 멘토

사내 강사는 정보를 전달하는 역할을 넘어, 구성원이 성장할 수 있도록 돕는 코치이자 멘토의 역할을 수행해야 합니다. 강의가 끝난 이후에도 학습자가 새로운 업무 방식이나 트렌드에 적응할 수 있도록 지속적인 지원을 해야 합니다. 교육생들이 가까이 하고 배우고 싶은 인품과 역량을 갖추는 것은 결코 쉬운 일이 아닙니다. 그러나 강사가 되기를 준비하고 성장하는 과정에서 이를 끊임없이 추구해야 합니다.

2) 사내(직무) 강사가 갖춰야 할 핵심 역량

사내 강사는 교육의 실질적 효과를 높이는 데 핵심적인 역할을 합니다. 구성원에게 실질적인 배움을 제공하려면, 조직의 특성과 문화를 반영한 사내 강사 제도가 필요합니다. 외부 강사를 초빙해 새로운 트렌드나 전문 지식을 전달하는 것도 중요하지만, 이를 조직의 특성과 문화에 맞춰 연결하고 확산시키는 역할은 사내 강사가 맡아야 합니다. 외부 강의로 끝나는 것이 아니라, 그 내용을 조직에 맞게 적용하고 실천하도록 돕는 과정에서 사내 강사나 코치는 핵심적인 연결 고리가 됩니다.

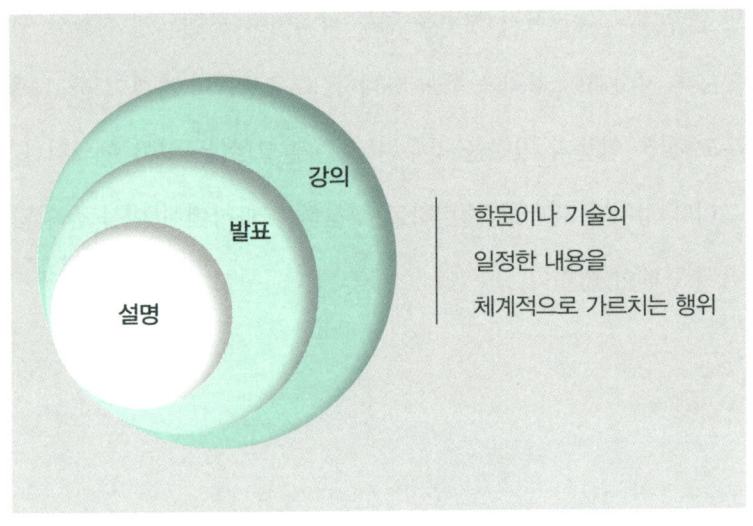

① 교수 설계 능력(Instructional Design Skills)

강사는 학습자의 수준과 조직의 필요를 고려하여 체계적인 교육 프로그램을 설계할 수 있어야 합니다. 실제 현장에서는 강의 요청 시 목표나 설계 의도가 명확히 주어지지 않는 경우가 많습니다. 이때 강사가 주도적으로 강의 목적, 과정 흐름, 기대 결과를 파악하고 자신의 강의를 커스터마이징해야 합니다. '가네의 아홉 가지 수업사태'나 'ADDIE 모델'과 같은 기본 이론은 반드시 숙지하고 활용할 수 있어야 합니다.

② 효과적인 커뮤니케이션 스킬

강사는 교육생과 적극적으로 소통할 수 있어야 하며, 특히 어려운 개념을 학습자의 눈높이에 맞춰 쉽게 설명하는 역량이 필요합니다. '왜 이해하지 못할까'가 아니라 '어떻게 하면 이해시킬 수 있을까'를 고민해야 합니다. 또한 목소리 톤, 시선 처리, 보디랭귀지 등 기본적인 강의 스킬을 갖추어야 합니다. 강사 양성 과정에 최소 1회 이상 참여하여 기본기를 점검하고, 영상 촬영을 통한 피드백을 받아보는 것도 중요합니다.

③ 강의 콘텐츠 개발 능력

강의에 필요한 교안, 학습 자료, 실습 과제를 효과적으로 개발하는 능력이 필요합니다. 텍스트뿐 아니라 이미지, 영상, 사례 연구 등 다양한 매체를 활용하여 학습자의 집중도와 몰입도를 높여야 합니다. 최근에는 인공지능 도구를 활용한 콘텐츠 제작이 점점 필수 역량으로 자리 잡고 있으므로 최신 도구와 트렌드에도 관심을 가져야 합니다.

④ 피드백 및 코칭 역량

강의 이후에도 학습자에게 적절한 피드백을 제공하고, 실질적인 성장을 지원할 수 있어야 합니다. 교육생이 실무에서 실제 변화를 만들어 갈 수 있도록 돕는 것이 강사의 진정한 역할입니다. 강의만 하고 떠나는 사외 강사와 달리 사내 강사는 조직 내의 플랫폼을 통해 학습자들과 지속적으로 연결될 수 있습니다. 교육이 끝난 후에도 학습자의 상황에 맞춰 지속적으로 조언할 수 있는 코치 역할이 필요합니다.

강사가 갖춰야 할 역량

A 교수설계와 교안 기획
ADDIE 모형, 콘텐츠 선정과 구성

B 교안 디자인과 매체 활용
PPT 스킬, 동영상 편집, 생산성 도구

C 효과적인 전달과 매너(사명감)
상황별 화법, 기본자세, 마음가짐

3) 좋은 강사의 성장 전략

좋은 강사가 되기 위해서는, 먼저 '나쁜 강사가 되지 않는 것'이 중요합니다. 강사가 저지를 수 있는 실수를 미리 알고 피하는 것만으로도 최소한의 강사 요건을 갖추는 데 큰 도움이 됩니다. 대표적인 실수들은 다음과 같습니다.

🖋 강사가 피해야 할 실수

① 일방적인 강의 진행

학습 피라미드에서 가장 낮은 단계에 해당하는 방식입니다. 강사가 일방적으로 말하고 학습자는 듣기만 하는 강의는 성인 학습자의 집중을 오래 유지하기 어렵습니다. 15분마다 질문, 토론, 실습을 혼합하여 참여형 학습으로 전환할 필요가 있습니다. 특히 온라인 교육에서는 단순 전달식 강의가 더 빈번해지고 있습니다. 접속 인원수나 콘텐츠 조회 수만으로 교육 효과를 평가해서는 안 됩니다. 학습 여부는 학습자의 실제 참여와 이해를 통해 확인되어야 합니다.

② 이론만 강조하고 실무 적용과 사후 관리 부족

개념적 설명에만 치우치면 학습자는 실무 적용 방법을 알기 어렵습니다. 이론과 실습 비율을 3:7 또는 최소한 5:5로 설계하는 것이 바람직합니다. 교육 이후에도 학습자의 현업 적용 여부를 확인하고, 교육 내용을 지속적으로 업데이트해야 합니다. 실습 결과를 분석해 우수 사례는 적극적으로 확산하고, 시대에 맞지 않는 내용은 과감히 수정하는 정기 점검 시스템이 필요합니다.

③ 권위적인 태도로 유연성 부족

강의 경력이 쌓일수록 자신을 전문가로 착각할 위험이 커집니다. 시간이 지날수록 현업과의 연결이 약해지고, 강의 자료 업데이트가 멈추는 경우도 많습니다. 문제는 권위적인 태도입니다. 지식을 앞세운 권위는 더 이상 설득력을 갖기 어렵고, 학습자를 위축시켜 몰입을 방해합니다. 다양한 배경을 가진 학습자의 목소리에 귀를 기울이고 변화하는 현장의 피드백을 유연하게 수용하는 태도가 강사에게 필수적입니다.

강의의 중심은 강사가 아니라 학습자입니다. 이런 태도를 가진 강사는 강의 요청을 받았을 때부터 질문하는 방식이 다릅니다. 강의 기술이 아무리 뛰어나도 강사의 '태도'와 '철학'이 올바르게 세워지지 않으면 교육은 실패할 수밖에 없습니다. 지식 전달을 넘어 학습자의 배움을 촉진하고 변화를 이끌어내며, 궁극적으로 교육을 조직의 성과로 연결하는 파트너가 되어야 합니다.

핵심 정리

- ✓ 사내 강사는 지식 전달을 넘어 직무 전문성과 조직 문화를 전파하며, 구성원의 성장을 이끄는 핵심 인력이다.
- ✓ 좋은 강사는 교수 설계, 커뮤니케이션, 콘텐츠 개발, 피드백까지 학습 전 과정을 설계하고 실행할 수 있는 역량을 갖추어야 한다.
- ✓ 강사는 일방적 전달, 실무 연결 부족, 권위적 태도 같은 실수를 피하고, 학습자의 변화와 성장을 돕는 파트너로 성장해야 한다.

인재를 키우는 교육
조직이 원하는 역량과 학습의 연결

1) 조직의 역량 정의와 진단 – 효과적인 교육 설계를 위한 기반

"저희 이번에 교육 목표가 OO인재 100명 양성입니다."
"100명은 어떤 의미가 있으며, 회사의 전략과 어떻게 연결되어 있나요?"

앞서 교육의 본질, 교육 부서의 역할, 강사의 중요성에 대해 이야기했습니다. 여기에 한 가지 더 중요한 요소가 필요합니다. 바로 조직의 '역량 정의'와 '진단 데이터'입니다. 이 주제를 챕터 후반에 다루는 이유는 교육 담당자 선에서 결정할 수 있는 일이 아니기 때문입니다. 경영진의 의사결정, 조직 차원의 공감대, 그리고 철저한 계획과 실행이 뒷받침되어야 가능한 일입니다.

🖍 전략은 사람으로 완성된다 – 인재상과 역량 정의의 중요성

조직의 중장기 목표를 달성하기 위해서는 필요한 인재상을 먼저 정의해야 합니다. 예를 들어, 조직이 글로벌 사업을 활성화하게 된다면 해외 사업을 진행할 수 있는 인재가 필요할 것이며, 데이터 기반의 제조가 시작되었다면 데이터를 다룰 수 있는 직원이 필요할 것입니다. 이러한 전략과 인사정책이 연결되어야 하고, 이 과정에서 조직이 원하는 역량과 행동 지표를 구체화해야 합니다. 어떤 업무에 어떤 수준의 인재가 몇 명 필요한지 명확해신다면, 현재 구성원의 역량을 진단하고, 부족한 부분을 보완할 수 있는 교육 과정을 설계할 수 있습니다.

역량 정의와 진단 데이터가 없으면 부족한 부분을 알 수 없어 교육 설계가 막연해집니다. 기준이 될 만한 자료가 없기 때문에 교육에 적지 않은 투자를 하고도 그 효과를 측정하기가 어렵습니다.

조직이 클수록 역량 정의와 데이터 수집이 쉽지 않습니다. 이를 실무자 단독으로 진행하기 어렵다면, 최소한 다음 질문에 대한 답은 준비되어야 합니다.

- 우리 조직이 추구하는 목표는 무엇인가?
- 이를 위해 어떤 역량을 갖춘 인재가 필요한가?
- 현재 구성원들이 보유한 역량은 어느 수준인가?
- 부족한 역량을 개발하기 위한 교육은 무엇인가?

조직의 전략이 변하면, 인재상도 달라집니다. 혁신이 중요한 조직에서는 창의성과 문제 해결 능력이, 절차 중심의 조직에서는 규정 준수와 관리 역량이 강조됩니다. 이처럼 조직 특성에 맞는 역량 정의가 선행되어야 하고, 그 기준은 선언적인 단어가 아니라 구체적인 행동 지표로 설명될 수 있어야 합니다. 예를 들어, '디지털 리터러시'라는 역량을 설정했다면, 1점부터 5점까지 어떤 행동이 해당 점수에 해당하는지를 구체화해야 진단과 교육이 가능해집니다.

2) 직무별 역량 진단 — 조직의 현재 상태를 파악하라

교육의 효과를 극대화하려면 조직이 원하는 역량과 구성원이 현재 보유한 역량 사이의 차이를 명확히 진단해야 합니다. 선언적인 목표만으로는 실질적인 변화를 이끌어낼 수 없습니다. 구체적인 역량 정의와 진단이 있어야 교육 설계와 실행이 정교해집니다. 현재 구성원의 역량을 정확히 진단해야 교육의 효과를 높일 수 있습니다.

실질적인 교육을 위한 진단 도구들

역량 진단은 단순히 학습자의 수준을 평가하는 과정이 아닙니다. 조직이 요구하는 핵심 직무 역량과 현재 보유한 역량의 차이를 객관적으로 분석하는 과정입니다. 이를 통해 '누구에게 어떤 교육이 필요한가?'를 감이 아닌 데이터에 기반해 설명할 수 있습니다. 예를 들어, 조직에서 데이터 기반 의사결정 역량이 중요하지만, 직원들이 데이터 분석 도구를 다루지 못하고, 수치 해석 능력이 부족하다는 진단 결과가 나왔다고 가정해 보겠습니다. 이 경우 평범한 엑셀 교육이 아니라 직무별 시나리오를 기반으로 한 실전형 데이터 해석 교육을 설계해야 합니다.

1. 분석 Analyze : 교육 요구 분석의 정의

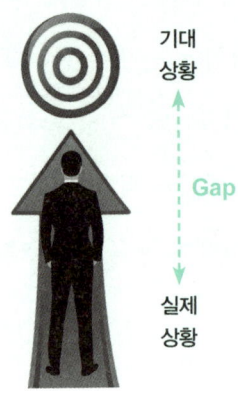

조직이 필요로 하는 역량

'교육 요구?'

Gap을 축소시킬 수 있는 활동 중에서
교육적으로 해결 가능한 것

구성원이 현재 보유하고 있는 역량

영업팀은 고객 행동 데이터를 분석해 전략을 제안하는 훈련이 필요하고, 인사팀은 조직 진단 데이터를 활용해 인재 육성 계획을 세우는 훈련이 필요합니다. 같은 데이터 분석 교육이라도 직무와 역할에 따라 학습 내용이 달라져야 합니다.

이처럼 진단 결과가 구체적일수록 교육의 목표와 설계는 더 정교해지고, 교육이 실제 업무와 연결되어 행동 변화와 성과 향상으로 이어질 가능성이 높아집니다.

역량 진단은 다음과 같은 방식으로 진행할 수 있습니다.

① 자기 평가(Self-Assessment) vs 상사 평가(Supervisor Review)

구성원이 자신의 역량을 평가하는 방식과, 상사가 피드백을 제공하는 방식을 병행하면 보다 객관적인 분석이 가능합니다. 예를 들어, '나는 문제 해결 능력이 뛰어난가?'라는 질문을 두고 본인은 4점, 상사는 2점을 부여한다면, 두 평가 사이의 차이를 분석해 개선 방향을 설정할 수 있습니다. 자기 인식과 조직이 평가하는 역량 사이의 차이를 좁히는 과정이 교육 설계의 핵심입니다.

② 역량 기반 인터뷰(Competency-Based Interview)

기존의 역량 테스트보다 더 효과적인 방법은, 구성원이 특정 역량을 실제로 발휘한 경험을 인터뷰하는 것입니다. 예를 들어 "어려운 프로젝트를 성공적으로 수행한 경험을 이야기해 주세요"라는 질문을 통해 구성원의 문제 해결 능력, 협업 방식, 실행력을 파악할 수 있습니다. 이 방식은 실무에서 특정 역량이 실제로 어떻게 발휘되었는지를 직접 확인할 수 있기 때문에 교육의 필요성을 더욱 현실적으로 분석하는 데 도움이 됩니다. 또한 인터뷰 결과는 역량과 행동 지표를 구체화하고 업데이트할 수 있는 소중한 자료가 됩니다. 이는 '데이터 분석 역량을 강화하자'라는 선언적 목표가 아니라, '매월 1회 데이터를 활용한 의사결정 사례를 공유한다'라는 실질적인 목표를 수립하는 데도 유용합니다.

③ **직무별 성과 평가 데이터 활용**

조직 내 기존의 성과 평가 데이터를 활용하면, 특정 역량이 부족한 그룹을 더욱 쉽게 식별할 수 있습니다. 예를 들어, 고객 접점 직군에서 '의사소통 역량'이 낮은 평가를 받는다면, 이를 보완할 수 있는 실전 중심의 커뮤니케이션 교육이 필요하다는 결론을 도출할 수 있습니다. 기존 데이터를 참고하는 것에만 머물지 않고, 이를 바탕으로 역량 개발 전략을 구체화하는 것이 중요합니다. 다만, 이를 위해서는 연공서열이 아닌 투명한 평가 체계와 구체적인 평가 지표의 분류가 선행되어야 합니다. A, B 학점제 평가 방식이나 '승진 대상자 중심'의 문화가 유지된다면 이러한 진단과 전략 수립에는 한계가 따릅니다. 당연히 의미 있는 교육을 실행하기도 어렵습니다.

3) AC & DC — 역량 평가의 심층 분석 방법

체계적인 역량 분석을 위해 많은 기업과 공공기관에서는 AC(Assessment Center)와 DC(Development Center) 기법을 활용합니다. AC는 구성원이 현재 보유한 역량을 객관적으로 평가하는 과정이며, DC는 향후 성장 가능성을 진단하는 과정입니다. 이 두 가지 방법을 함께 활용하면, 조직이 필요로 하는 핵심 인재를 효과적으로 발굴하고 육성할 수 있습니다.

◆ AC : 현재 역량을 객관적으로 평가하는 방법

AC는 구성원이 현재 직무에서 요구되는 역량을 어느 수준까지 갖추고 있는지를 다각도로 평가하는 시스템입니다. 주로 채용, 승진 심사, 인재 선발 등 다양한 상황에서 활용되며, 면접이나 서류 평가만으로는 파악하기 어려운 실질적 역량을 평가하기 위해 고안되었습니다.

AC에서는 실제 업무 상황을 모의(simulation)하여 구성원의 문제 해결 능력과 의사결정 방식을 관찰합니다. 그룹 토론(Group Discussion), 역할 연기(Role Play), 사례 분석(Case Study) 등 다양한 기법을 통해 평가가 이루어집니다.

이 과정에는 한 명의 평가자가 아니라, 상사, 동료, 외부 전문가 등 여러 평가자가 함께 참여해 다양한 관점에서 피드백을 제공합니다. 이를 통해 점수 평가에 그치지 않고 강점과 개선점을 종합적으로 분석할 수 있습니다.

예를 들어, 일부 공공기관에서는 부장급 이상 승진 대상자에 대해 외부 전문가를 초빙하여 AC를 실시합니다. 경력 연차만을 기준으로 삼지 않고 실제로 리더십과 문제 해결 역량을 갖추었는지를 확인하기 위해 갈등 관리 시나리오 등을 기반으로 평가를 진행합니다.

또한 신입사원 채용 과정에서도 AC는 유용합니다. 이력서나 면접만으로는 파악하기 어려운 실무 역량을 검증하기 위해, 고객 응대 시뮬레이션 등을 통해 지원자의 문제 해결 능력과 대응력을 평가할 수 있습니다.

AC는 구성원이 현재 직무에 요구되는 역량을 어느 수준까지 갖추었는지를 객관적으로 평가하는 과정입니다. 핵심은 그 역량이 조직의 기준에 부합하는지를 정확히 확인하는 데 있습니다.

🖋 DC : 미래 성장 가능성을 진단하는 방법

DC는 구성원의 미래 성장 가능성을 평가하는 시스템입니다. AC가 현재의 적합성을 판단하는 데 초점을 맞춘다면, DC는 구성원이 앞으로 얼마나 성장할 수 있는지를 분석합니다. 단순한 평가를 넘어 구성원이 어떤 방향으로 성장해야 할지 맞춤형 경로를 제시하는 데 목적이 있습니다.

DC에서는 평가 이후 구성원에게 강점과 개선점을 구체적으로 알려주고, 이에 따라 필요한 역량 개발 계획을 수립할 수 있도록 돕습니다. 따라서 '적합/부적합'을 판별하는 데 머물지 않고, 구성원 개개인의 잠재력과 발전 방향을 함께 제시합니다.

리더 육성을 위한 '리더십 개발 프로그램'도 DC의 한 형태입니다. 국내 주요 대기업들은 관리자 및 예비 리더를 대상으로 DC 기반의 교육을 하고 있습니다. 다양한 리더십 이론을 소개하고, 그룹 토론, 경험 기반 학습, 코칭 등을 통해 리더십 역량을 종합적으로 개발합니다. 일부 기업에서는 CEO가 핵심 인재와 별도로 토론 세션을 운영하며, 리더십과 인문학, 최신 기술에 대해 논의하는 프로그램을 운영하기도 합니다.

최근에는 기술 변화에 대응하기 위해 핵심 인재를 위한 재교육(Re-skilling)과 역량 강화(Up-skilling) 프로그램이 확대되고 있습니다. 예를 들어, 신기술 분야를 6개월에서 1년간 집중 교육하여, 조직의 미래를 이끌어 갈 핵심 인재들이 필요한 역량을 확보할 수 있도록 지원합니다. 이러한 과정은 구성원의 성장을 넘어서 조직 전체의 학습 문화와 경쟁력 강화에도 긍정적인 영향을 줍니다.

DC는 개인 맞춤형 성장 경로를 설계하는 과정입니다. 구성원이 어떤 역량을 개발해야 하는지를 명확히 제시하는 것이 핵심입니다.

AC와 DC는 단순한 진단 도구가 아닙니다. 이 두 가지 방법을 함께 활용하면 구성원의 현재 역량과 미래 성장 가능성을 모두 파악할 수 있으며, 그 결과를 바탕으로 맞춤형 교육 프로그램을 설계할 수 있습니다. 예를 들어 AC를 통해 현재 역량 수준을 진단하고, DC를 통해 향후 개발이 필요한 영역을 도출함으로써 교육의 정확성과 실효성을 높일 수 있습니다.

리더십 교육, 직무 교육, 핵심 인재 육성 프로그램 등 다양한 교육 과정은 이 두 기법의 결과를 토대로 설계되고 운영될 수 있습니다. 교육 이후에는 구성원이 실제로 얼마나 성장했는지를 재평가하고, 피드백을 통해 교육 과정을 다시 정교화하는 것이 중요합니다.

교육이 조직과 개인의 성장을 이끄는 전략이 되기 위해서는 AC와 DC의 적극적인 활용이 필요합니다. 역량 진단 없이 교육을 기획하는 것은 목적지 없이 출발하는 여행과 같습니다. 조직이 목표에 도달하는 데 필요한 인재를 제대로 육성하려면, 역량 정의와 진단에서부터 전략이 시작되어야 합니다.

핵심 정리

- ✓ 조직의 중장기 전략에 맞는 인재상과 핵심 역량을 명확히 정의해야 효과적인 교육 설계가 가능하다.
- ✓ 현재 구성원의 역량을 정확히 진단하면, 실무 중심의 맞춤형 교육과 성과 중심의 학습 설계가 가능하다.
- ✓ AC는 현재 역량을, DC는 성장 가능성을 분석하는 도구로, 인재 육성을 위한 전략적 교육 설계에 반드시 필요하다.

Chapter 2.
사내 교육, 기획부터 다르다

설계 없는 교육은 통하지 않는다

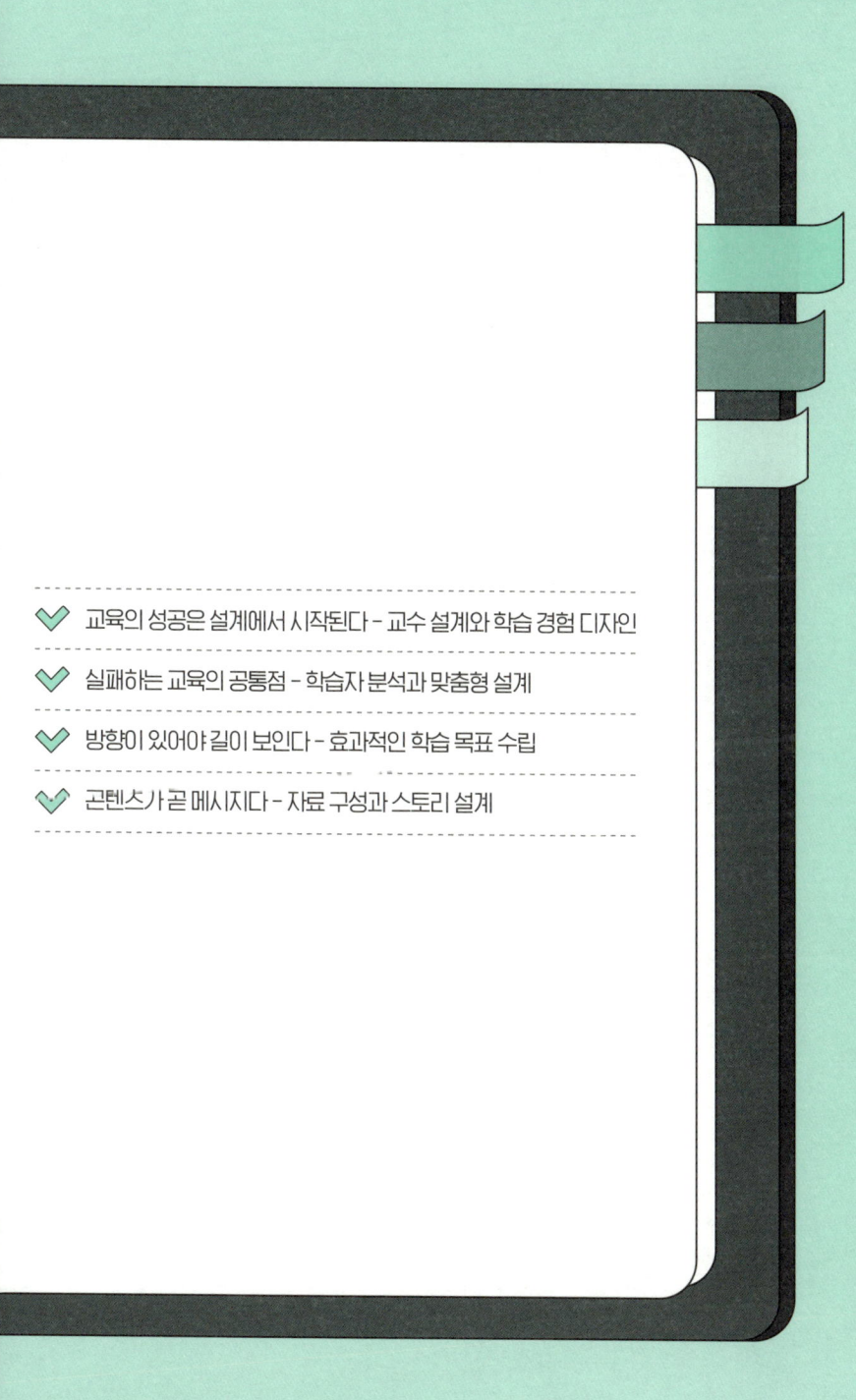

- ✅ 교육의 성공은 설계에서 시작된다 - 교수 설계와 학습 경험 디자인
- ✅ 실패하는 교육의 공통점 - 학습자 분석과 맞춤형 설계
- ✅ 방향이 있어야 길이 보인다 - 효과적인 학습 목표 수립
- ✅ 콘텐츠가 곧 메시지다 - 자료 구성과 스토리 설계

교육의 성공은 설계에서 시작된다
교수 설계와 학습 경험 디자인

1) 교수 설계의 개념과 중요성 — 효과적인 학습 경험을 위한 체계적 접근

좋은 교육은 설계에서 시작됩니다. '교수 설계(Instructional Design)'는 교육 목표를 설정하고, 그 목표를 효과적으로 달성하기 위해 학습 내용을 체계적으로 구성하는 일련의 과정입니다. '무엇을 가르칠 것인가?', '어떤 순서로 진행할 것인가?', '어떻게 전달할 것인가?', '어떻게 평가할 것인가?'와 같은 질문에 대한 명확한 답을 마련하는 것이 교수 설계의 핵심입니다.

교육 담당자는 교수 설계를 통해 교육 내용을 실무에 바로 적용할 수 있도록 교육 과정을 체계화할 수 있습니다. 학습자에게는 혼란 없는 학습 흐름을 제공하고, 강사에게는 제한된 시간 안에 효율적인 강의를 운영할 수 있도록 도와줍니다. 즉, 교수 설계는 학습자와 강사 모두를 위한 길잡이 역할을 합니다.

교육학자 글레이저Glaser는 교수 설계를 '처방 과학(prescriptive science)'이라 정의한 바 있습니다. 특정 학습 내용을 특정 학습자에게 가장 적절한 방식으로 전달하는 과학적 접근이라는 의미입니다. 이는 마치 의사가 환자의 상태에 따라 적절한 치료법을 처방하듯, 교수 설계도 학습자의 특성과 목표에 맞춰 가장 효과적인 교수 방법을 선택하고 적용하는 과정입니다.

딕과 캐리Dick & Carey는 교수 설계를 '투입(Input) → 과정(Process) → 산출(Output)'로 이루어진 순환 구조로 설명합니다. 학습 자료와 자원을 투입하고, 교수 방법과 활동을 통해 학습이 이루어지며, 그 결과로 원하는 학습 성과가 도출되는 구조입니다. 순환 구조는 일회성 산출에 그치지 않고, 반복적인 투입과 산출 과정을 포함합니다. 이 세 단계는 서로 긴밀히 연결되어 있어, 어느 한 부분이 소홀해지면 교육의 효과가 크게 낮아질 수 있습니다.

한림대학교 총장과 석좌 교수를 역임한 정범모 교수는 교육을 '인간 행동의 계획적 변화'라고 정의했습니다. 여기서 말하는 '행동'은 지식과 사고, 태도, 가치관을 모두 포함하는 개념입니다. 그리고 '계획적 변화'는 우연이 아닌 체계적인 설계를 통해 의도적으로 이끌어낸 변화를 뜻합니다.

교수설계의 정의 (정범모 교수)

▲ **인간 행동 :**
외현적 vs 내면적

▲ **계획적 과정 :**
목적의식 – 프로그램 – 이론적 근거

▲ **변화 :**
교육 전 후의 유의미한 차이

이처럼 교수 설계는 계획된 변화를 실현하기 위한 구체적인 실행 과정입니다. 교육 목표를 설정하고, 그 목표에 맞는 내용을 구성한 뒤, 가장 적합한 교수 방법을 선택하고 실행합니다. 그리고 학습자가 어떤 성과를 냈는지 평가하는 과정까지 포함됩니다. 교육의 전체 과정을 구조화하여 학습 효과를 극대화하는 것이 교수설계의 본질입니다.

> 강의는 예술이 아니라 과학입니다.
> 체계적인 설계 없이는
> 교육의 효과도 발휘될 수 없습니다.

교수설계의 방향

1. 목적 지향적
교육이 달성하고자 하는 목적이 분명함

2. 학습자 중심
교수자가 잘 가르치기 위한 것이 아니라 학습자의 학습이 잘 일어나게 하기 위한 것

3. 실제적 수행
실제적 수행 향상을 목적으로 함

4. 이론 + 실증
적용과 보완 개선의 반복으로 효과성 입증

2) 가네의 아홉 가지 수업사태 — 효과적인 교수 설계를 위한 핵심 원리

좋은 교수 설계는 그저 강의 내용을 나열하는 것이 아니라, 학습 목표 달성을 위한 체계적인 전략이어야 합니다. 그렇다면 효과적인 교수-학습은 어떤 요소를 갖춰야 할까요?

교육 심리학자 로버트 가네(Robert Gagné)는 학습이 성공적으로 일어나기 위해 교수자가 따라야 할 아홉 개의 단계, 즉 '가네의 수업사태(Events of Instruction)'를 제안했습니다.

가네는 학습을 주의를 기울이고, 기존 지식과 연결하며, 연습하고 피드백을 받으며, 실생활에 적용하는 복합적인 과정으로 보았습니다. 따라서 교수자는 학습자의 인지 과정을 고려해 단계별로 학습을 설계해야 하며, 그 핵심이 바로 아홉 가지 수업사태입니다.

① 주의 집중 획득

모든 학습은 주의 집중에서 시작됩니다. 학습자가 강의에 몰입하지 않으면, 아무리 훌륭한 내용이라도 효과를 기대하기 어렵습니다. 실제로 수업 시작 후 30초 이내에 학습자의 몰입 여부가 결정된다는 연구도 있습니다.

- 질문 던지기 : "상반기가 벌써 지났습니다. 올해 목표 중 가장 잘 진행된 일과 전혀 손대지 못한 일이 있다면 무엇인가요?"
- 흥미로운 사실 제시 : "연구에 따르면 면접관들은 능력보다는 자신과 비슷한 사람에게 더 높은 점수를 준다고 합니다."
- 실제 사례 활용 : 강의 주제와 관련된 영상이나 짧은 이야기로 학습자의 관심을 유도합니다.

시작 1~2분간의 몰입이 전체 강의의 흐름을 좌우합니다. 흥미로운 도입은 학습자의 내적 동기를 자극하는 데 중요한 전략입니다.

② 학습 목표 제시

"오늘 수업이 끝나면 프롬프트 엔지니어링의 핵심 원리를 설명할 수 있고, 이를 실제 업무에 활용할 수 있게 됩니다." 이처럼 학습자가 학습 목표와 필요성을 명확히 인식하면, 학습 동기가 자연스럽게 높아집니다. 또한, "이 원리를 이해하면 자료 작성 시간이 10배 빨라집니다"와 같이 실질적 기대 효과를 덧붙이면 동기 유발 효과는 더 커집니다.

③ 선수 학습 회상

새로운 지식을 학습할 때 기존 지식과 연결하는 과정은 매우 중요합니다. 인지적 스키마를 활성화하면 학습이 쉬워지고 기억에도 오래 남습니다. "지난 시간에 인공지능의 원리에 대해 살펴보았죠. 오늘은 이를 실무에서 어떻게 활용할 수 있는지 알아보겠습니다." 또는, "지난 시간에 배웠던 내용 중 기억에 남는 기술이 있었다면 무엇이었나요? 왜 기억에 남았는지도 함께 이야기해 볼까요?"처럼 질문을 통해 학습자의 기억을 자극할 수도 있습니다.

④ 자극 제시

이제 본격적으로 학습 내용을 전달할 차례입니다. 이를 위해 다양한 교수법을 활용해 학습자의 이해를 돕습니다. 예를 들어, "클라우드 서비스 모델을 피자 배달 서비스에 비유해 보겠습니다"처럼 비유를 활용하거나, "이 부분은 꼭 기억해 주세요"와 같이 핵심을 강조하는 방식도 효과적입니다. 자극은 학습자의 수준에 맞춰 조정되어야 하며, 강의, 토론, 실습 등 다양한 형식으로 구성하는 것이 좋습니다.

⑤ 학습 안내 제공

새로운 개념을 더욱 쉽게 이해하고 실생활에 적용할 수 있도록 안내하는 단계입니다. 학습자가 처음 배우는 개념에서 혼란을 느끼기 쉬운 부분을 자세히 설명하고, 핵심 개념을 다시 정리해주면 이해도를 높일 수 있습니다. 또한, 체크리스트, 가이드북 등의 보조 자료를 제공하면 학습 효과를 더 높일 수 있습니다.

⑥ 수행 유도

배운 내용을 학습자가 실제로 수행해 보는 단계입니다. "지금까지 배운 내용을 활용해 이 서비스를 설계해 보세요." 이처럼 토론이나 실습을 통해 학습자가 능동적으로 참여할 수 있는 기회를 제공해야 합니다. 직접 수행해 보는 과정에서 지식은 내면화되고, 행동으로 이어집니다.

⑦ 피드백 제공

피드백은 학습자의 성장을 이끄는 중요한 요소입니다. "이 방향으로 진행하시면 좋습니다", "이 부분은 더 구체화해 볼까요?" 처럼 구체적이면서도 긍정적인 피드백이 효과적입니다. 잘한 점은 강화하고, 부족한 점은 개선할 수 있도록 돕는 피드백은 학습의 질을 결정짓는 핵심 요소입니다.

⑧ 수행 평가

학습자가 학습 목표를 얼마나 달성했는지 평가하는 단계입니다. 퀴즈, 과제, 발표 등을 활용해 이해도를 점검하고, 부족한 부분은 보완할 기회를 제공해야 합니다. 평가와 보완은 함께 설계되어야 효과를 발휘합니다.

⑨ 파지 및 전이 강화

강의실에서 끝나는 학습이 아니라, 실무와 연결되는 학습이 되어야 합니다. 업무에 적용할 계획을 구체화하고, 후속 학습이나 복습 체계를 안내합니다. 작은 팀 프로젝트를 통해 실제 결과물을 만들어내는 방식도 효과적입니다. 진정한 학습은 실생활과 연결될 때 비로소 완성됩니다.

학습은 일방적인 전달이 아니라 학습자의 인지 과정을 따라 설계되어야 합니다. 가네의 9단계는 이를 위한 가장 실용적인 설계 도구입니다.

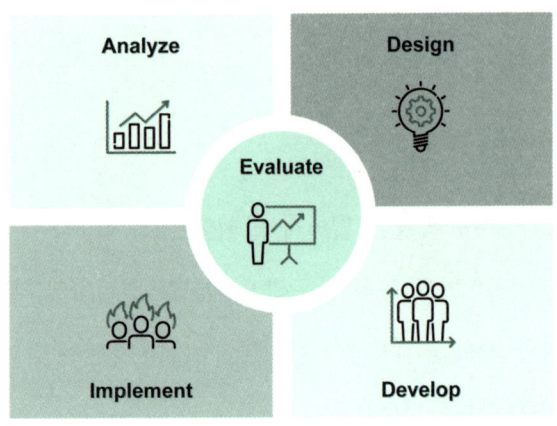

3) ADDIE 모형 — 교수 설계를 위한 체계적 접근

가네의 수업사태는 효과적인 교수법의 원리를 설명해줍니다. 그러나 이를 실제 교육에 적용하고 체계적으로 설계·운영하기 위해서는 교육 과정 전체를 구조화하는 프레임워크가 필요합니다. ADDIE 모형은 교수 설계의 대표적인 모델로, 전 세계적으로 널리 활용되고 있습니다.

ADDIE는 교육의 전 과정을 다섯 단계로 나누어 체계적으로 설계하고 실행할 수 있도록 안내합니다.

| 분석 Analyze | → | 설계 Design | → | 개발 Development | → | 실행 Implementation | → | 평가 Evaluation |

🖊 분석(Analysis) — 교육의 필요성과 학습자 분석

ADDIE의 첫 단계는 '무엇을 가르쳐야 하는가?'를 결정하는 과정입니다. 이 단계에서는 학습자의 특성과 학습 환경, 교육의 필요성 등을 분석하여 교육의 방향성을 설정합니다.

- 학습자 분석 : 학습자의 수준, 배경, 동기, 학습 스타일 등을 파악합니다.
- 과업 분석 : 학습자가 습득해야 할 지식, 기술, 태도를 구체화합니다.
- 환경 분석 : 교육이 이루어질 환경(오프라인/온라인, 조직 문화, 기술 여건 등)을 고려합니다.

이 단계는 이후 설계와 실행 전반의 기초가 되며, 교육의 실효성을 좌우하는 중요한 출발점입니다.

✎ 설계(Design) — 학습 경험을 구체화하는 전략 수립

분석을 통해 도출된 교육 요구를 바탕으로, 학습 목표를 설정하고 교수 전략을 수립하는 단계입니다.

▶ ABCD 학습 목표 설정

- Audience(학습자) : 교육 대상은 누구인가?
- Behavior(행동) : 학습 후 어떤 행동을 할 수 있어야 하는가?
- Condition(조건) : 어떤 상황에서 수행할 것인가?
- Degree(기준) : 어느 수준으로 수행해야 하는가?

학습 목표가 설정되면, 교육 내용을 어떤 순서로 전달할지, 어떤 교수법을 사용할지 등을 구체적으로 설계합니다.

✎ 개발(Development) — 교수 자료 및 콘텐츠 제작

설계한 내용을 바탕으로 실제 교수 자료를 제작하는 단계입니다. 이 과정에서는 다양한 학습 도구와 콘텐츠를 개발해 학습 효과를 높입니다.

- 강의 자료 개발 : PPT, 강의노트, e-Learning 콘텐츠 등
- 실습 자료 개발 : 시뮬레이션, 사례 기반 문제, 퀴즈 등
- ARCS 모델 적용 : 주의, 관련성, 자신감, 만족감을 고려해 학습 동기를 유도합니다.

설계에서 구상한 내용이 실제 교육 현장에서 활용할 수 있는 형태로 완성되는 단계입니다.

실행(Implementation) – 교육 진행 및 운영

개발된 자료를 활용해 실제 교육을 운영하는 단계입니다. 강사는 강의 전달 기법을 통해 학습자의 참여를 유도하고, 교육이 원활히 진행되도록 학습 환경을 조성합니다.

- 전달 기법 활용 : 보이스 컨트롤, 시선 처리, 질문 유도 등
- 학습자 참여 유도 : 그룹 활동, 토론, 실습 등 참여형 학습 설계
- 환경 최적화 : 온라인 플랫폼, 오프라인 공간 구성 등

이 단계에서는 강사의 운영 역량이 직접적으로 학습 효과에 영향을 줍니다.

✏️ 평가(Evaluation) — 교육 효과 측정 및 개선

마지막 단계는 교육의 성과를 확인하고 개선점을 도출하는 평가 단계입니다. 학습자 반응부터 성과 측정까지 다양한 방법을 활용해 교육 효과를 분석합니다.

- 학습자 반응 평가 : 만족도 조사, 학습자 피드백 수집
- 학습평가 : 학습자의 지식, 기술, 태도를 평가
- 모니터링 : 실제 업무 현장에서 학습 내용을 적용하는지 측정
- ROI 평가 : 교육이 업무 성과나 조직 성장에 미친 영향을 분석

이러한 평가는 다음 교육 과정의 개선과 전략 수립에 중요한 자료가 됩니다.

ADDIE는 학습자 중심 교육을 위한 전략적 설계 도구입니다. 각 단계의 정교함이 교육의 품질을 결정합니다.

◆ ADDIE 모형

'드림하우스를 짓는다'

1. 분석 (Analyze)
누가 거주할 집?
어느 위치!?
입지 환경는?

2. 설계 (Design)
안방과 거실, 주방은?
별채에 서재를?
전체적인 구조를 설계

3. 개발 (Development)
가구는 어떤걸로?
조명은? 식기구?
조경 환경 등을 준비

4. 실행 (Implementation)
건축 실행
정리 정돈
집들이까지

5. 평가 (Evaluation)
드림하우스에 대한
사람들의 평가
거주하면서 개선사항

핵심 정리

✓ 교수 설계는 학습자의 목표 달성을 위해 교육 내용을 구조화하고 전달 방식과 평가까지 체계적으로 계획하는 과정이다.

✓ 효과적인 수업을 위해서는 주의 집중부터 실천과 전이에 이르는 9단계 학습 경험을 설계해야 한다.

✓ 가네의 수업사태는 교수자가 따라야 할 학습 단계의 원칙을 제시하여 강의 흐름의 품질을 높인다.

✓ ADDIE 모형은 분석, 설계, 개발, 실행, 평가의 다섯 단계로 구성된 대표적인 교수설계 프레임워크이다.

✓ 이 모형은 교육 전 과정을 일관되게 설계하고 실행할 수 있도록 도와주며, 교육의 실효성과 완성도를 높이는 데 핵심적인 역할을 한다.

실패하는 교육의 공통점
학습자 분석과 맞춤형 설계

1) ADDIE 모델의 'A(분석)' 단계 – 효과적인 교수 설계의 출발점

ADDIE 모델의 첫 단계인 'A Analysis(분석)'는 교육의 성공을 결정짓는 가장 중요한 출발점입니다. 강사가 학습자의 특성, 교육의 필요성, 학습 환경을 깊이 이해해야 실질적인 학습 효과를 거둘 수 있습니다. 즉, 맞춤형 교육 설계를 가능하게 만드는 핵심은 분석 단계에 있습니다.

분석은 단순히 교육의 내용을 고민하는 것이 아닙니다. 어떤 학습자가 참여하는지, 그들은 어떤 정서와 기대를 가지고 있는지,

과거 어떤 교육 경험이 있었는지를 파악해야 합니다. 또한, 학습자가 소속된 조직은 어떤 기대와 문제 인식을 가지고 있는지, 최근 어떤 이슈에 집중하고 있는지를 이해해야 합니다. 학습자와 조직이 기대하는 지점 사이의 차이를 조율하는 것이 분석 단계에서 가장 중요하고도 민감한 과제입니다.

3P 분석

> 교육 요구 분석이란, 특정 직무를 수행하는 개인에게 요구되는 지식, 스킬 및 태도와 현재 갖추고 있는 수준 간의 격차를 규명하는 과정이다.

People

참석자 수, 성별
경험의 정도
성향이나 분위기

Purpose

교육 및 과정의 목적
학습자의 기대
교육 목표 수립

Place

강의장의 형태/크기
테이블 배치
시청각 장비

다음은 교육 설계 전, 스스로에게 던져야 할 핵심 질문입니다.

- **학습자 분석 (Learner Analysis)**
  - 이 교육의 대상은 누구인가?
  - 학습자의 업무 경험, 지식 수준, 학습 스타일은 어떤가?
  - 학습자의 동기와 기대치는 무엇인가?

- **학습 목표 분석 (Learning Needs Analysis)**
  - 교육이 해결해야 할 핵심 문제는 무엇인가?
  - 학습자의 부족한 역량과 필요한 성장 방향은 무엇인가?
  - 교육을 통해 학습자가 무엇을 할 수 있어야 하는가?

- **환경 분석 (Context Analysis)**
  - 학습 환경은 온라인, 오프라인, 또는 혼합형인가?
  - 학습자는 업무 중 학습이 가능한가, 별도 시간이 필요한가?
  - 실습과 피드백이 가능한 구조인가?

> 분석 단계는 강사가 아닌 '학습자'의 입장에서
> 교육을 바라보는 과정입니다.

교육 요구는 기대하는 이상적인 상태와 현재 상태 사이의 차이에서 출발합니다. 이 중에서도 교육으로 해결할 수 있는 문제를 선별하는 것이 바로 '교육 요구 분석'입니다. 조직의 모든 문제를 교육으로 해결할 수는 없습니다.

조직에서는 종종 "직원들의 로열티가 낮아졌습니다", "퇴사율이 높습니다"와 같은 이슈를 교육으로 해결하려는 경우가 있습니다. 그러나 그 원인이 급여나 복지와 같은 구조적 요인이라면, 교육만으로는 해결이 어렵습니다. 그런데도 교육이 모든 문제의 해답인 것처럼 기대하거나, 단발성 이벤트로 치부되는 경우도 적지 않습니다. 교육 설계자는 이 시점에서 반드시 질문해야 합니다. "이 문제가 교육으로 해결 가능한가?"

고객 대응 품질 저하처럼 겉으로 드러나는 문제도 마찬가지입니다. 관련 지식이 부족한 경우라면 교육이 적절한 해법이 될 수 있습니다. 하지만 그 원인이 시스템의 결함, 업무 절차의 비효율, 조직 문화에서 비롯된 것이라면 교육만으로는 충분하지 않습니다.

이처럼 효과적인 교육 설계를 위해서는 먼저 조직이 겪고 있는 문제와 기대 상황의 차이가 교육을 통해 실제로 메울 수 있는 성격인지부터 명확히 분석해야 합니다.

교육 요구 분석은 "이 교육이 왜 필요한가?"라는 질문에서 시작합니다. 그에 대한 답을 찾아가는 과정이 곧 교육의 방향을 결정합니다. 조직이 기대하는 수준과 구성원의 현재 상태를 객관적으로 진단하고, 교육이 해결할 수 있는 문제를 명확히 해야 합니다. 이를 통해 교육의 목표는 더 구체화되며 불필요한 기획이나 자원 낭비를 방지할 수 있습니다. 무엇보다 교육의 실질적인 효과를 높이는 가장 중요한 기반이 됩니다.

2) 성인 학습자의 특성 — 효과적인 교수 설계를 위한 필수 고려 요소

효과적인 교육이 이루어지기 위해서는 학습자의 특성을 깊이 이해하는 것이 중요합니다. 특히 조직 교육에서 마주하게 되는 성인 학습자는 학교 수업과 같은 방식으로는 충분한 효과를 내기 어렵습니다. 성인은 스스로 학습을 선택하고, 자신의 경험과 실생활에 연결된 내용을 중심으로 배우기를 원합니다. 따라서 교육 담당자와 강사는 성인 학습자의 특성을 적극적으로 고려한 설계를 해야 합니다. 다음은 성인 학습자의 교육 설계 시 고려해야 할 사항입니다.

🖋 다양성

성인은 경력, 학습 경험, 연령, 문화적 배경 등 매우 다양한 특성을 보입니다. 같은 조직에서도 신입 직원과 10년차 직원은 전혀 다른 학습 방식을 요구합니다. 어떤 사람은 시각적 자료를 선호하고 어떤 사람은 실습이나 토론을 통해 배우는 것을 더 선호합니다. 효과적인 교육을 위해서는 온라인 콘텐츠, 사례 기반 학습, 실습 중심 학습 등 다양한 접근을 수준별로 제공할 수 있어야 합니다.

🖋 자아 정체성

성인은 독립적인 존재로서 주어진 교육보다 자신이 선택한 학습을 선호합니다. 강사가 일방적으로 지식을 전달하는 방식은 성인의 자율성과 충돌할 수 있습니다. 학습 과정에 스스로 참여하고 선택할 수 있는 구조일수록 몰입도가 높아집니다. 가능하다면 학습 목표 설정이나 교육 방향에 학습자가 직접 참여할 수 있도록 유도하는 것이 효과적입니다.

목적 지향성

성인은 당장의 업무와 삶에 도움이 되는 실용적인 지식을 우선적으로 원합니다. 이론 위주의 교육보다는 실무에 바로 적용할 수 있는 내용으로 구성해야 교육의 몰입도와 만족도가 높아집니다.

집중력의 한계

성인은 업무와 가정, 다양한 책임 사이에서 교육에 참여하기 때문에 물리적, 심리적 여유가 많지 않습니다. 평균 집중 시간은 15~20분 정도이며, 피로가 누적될수록 학습 효과도 급격히 떨어집니다. 따라서 짧고 핵심적인 콘텐츠로 구성된 마이크로러닝이나 블렌디드 러닝 방식이 더 효과적일 수 있습니다.

이중성

많은 성인 학습자는 교육의 필요성을 인식하지만, 실제로 교육을 우선순위에 두지 않는 경우가 많습니다. 업무 지시와 교육이 충돌하면 대부분 교육이 뒤로 밀리게 됩니다. 또한 학습을 쉼이나 여유로 인식하는 조직 문화도 학습 참여를 저해하는 요인이 됩니다. 성인 학습자에겐 교육을 위한 몰입 환경을 조성하는 것이 무엇보다 중요합니다.

문화적 특수성

조직의 구조와 문화, 개인의 가치관에 따라 학습에 대한 접근 방식도 달라집니다. 수직적인 조직에서는 강의 중심의 전달식 교육이 익숙하지만, 창의적 조직에서는 토론이나 실습이 더 효과적입니다. 글로벌 환경에서는 문화 차이도 반드시 고려해야 합니다.

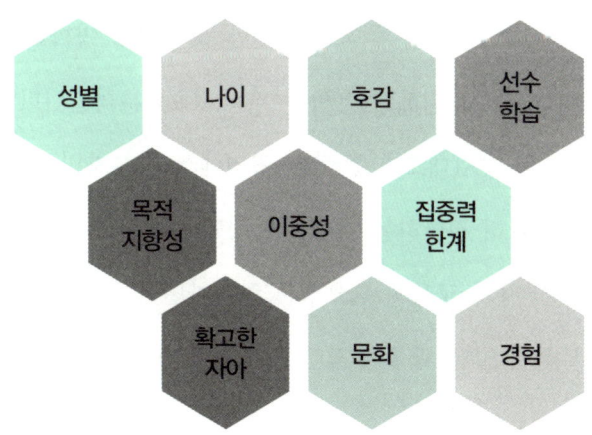

정리하자면, 성인 학습자는 자기 주도성과 실용성을 중시합니다. 따라서 다양한 콘텐츠와 학습 방식이 준비되어야 하며, 학습자가 선택할 수 있는 구조와 실생활에 바로 적용할 수 있는 내용을 중심으로 설계해야 합니다. 쉽지 않은 과제이지만, 성인 학습자의 특성을 반영한 설계는 교육 효과를 극대화하는 핵심 열쇠가 됩니다.

3) KSA 분석 – 학습자의 필요에 맞춘 교육 설계의 핵심

성인 학습자의 특성을 이해하는 것이 분석 단계의 기본이라면, 그다음은 학습자가 무엇을 배워야 하는지를 명확히 파악하는 일입니다. 이를 위해 사용하는 것이 KSA 분석입니다. 'K(지식)', 'S(기술)', 'A(태도)' 중 어떤 영역에서 학습자의 역량이 부족한지를 정확히 진단하는 것이 출발점입니다. 하지만 많은 강사와 교육 담당자가 교육의 필요성은 인식하면서도, 이 세 가지 요소를 구분하지 않은 채 일괄적인 교육을 설계하는 실수를 범하곤 합니다.

> K, S, A 중 어디에 문제가 있는지도 모른 채
> 교육을 진행하는 것은 의사의 진단 없이
> 약을 처방하는 것과 같습니다.

KSA는 직무 수행에 필요한 세 가지 핵심 요소입니다. 어떤 역량이 부족한지를 정확히 분석하지 않으면 교육 설계의 방향은 흐려지고 교육 효과는 반감될 수밖에 없습니다.

- K(Knowledge, 지식)
- 직무 수행에 필요한 정보나 개념
- 제품 특성, 고객 응대 프로세스, 관련 법령

- S(Skill, 기술/능력)
- 실무 수행을 위한 구체적인 행동 능력
- 보고서 작성, 클레임 대응, 협상, 발표

- A(Attitude, 태도)
- 일에 임하는 자세, 가치관, 행동 방식
- 책임감, 고객 중심 사고, 협업 태도

예를 들어 고객 응대 품질이 낮다면, 매뉴얼 자체를 모르거나 유형별 응대 전략을 배우지 못한 경우는 지식(K) 교육이 필요합니다. 기본적인 이론은 알고 있지만 응대 과정에서 당황하거나 설득력이 부족하다면, 실습(S) 중심의 교육이 효과적입니다. 모든 것을 알고 있지만 무관심하거나 수동적인 태도(A) 문제가 있다면, 태도 전환을 위한 동기 부여나 조직 문화 개선 교육이 필요합니다.

'어떤 부분이 부족한가?'에 따라 교육 방식과 내용은 달라져야 합니다.

KSA를 구분하지 않고 '필요하니까 진행하자'라는 식으로 접근하면, 오히려 학습자 반감을 부를 수 있습니다. 매년 들어야 하는 법정 의무 교육에서 '작년에 들은 교육과 똑같다'라는 반응이 나오는 것도 이 때문입니다. 교육 담당자가 KSA를 구분하지 못하면 강사에게도 명확한 요청을 하지 못하고, 학습자는 몇 년째 비슷한 내용만 반복하게 됩니다.

다음은 현장에서 실제로 있었던 사례입니다.

"우리 팀은 협상력이 부족해요"라는 말에 따라 외부 강사를 초빙했지만, 실제 교육 내용은 이론 위주의 'BATNA' 개념 설명에 머물렀습니다. 실습에서는 커피 원가 협상 사례가 등장했는데, 정작 학습자들은 내부 직원과의 갈등 조율이나 내부 협상 능력이 필요했습니다. 이 경우 S(기술) 개발이 목표였지만, K(지식) 교육과 현실에 맞지 않는 사례 활용으로 실무에 도움이 되지 않았습니다.

가장 문제가 되는 경우는, "시간이 하루밖에 안 되니 변화, 리더십, 팔로워십, 인공지능을 모두 다뤄주세요"라는 요구입니다. 교육 결과 보고서에는 다양한 주제를 다뤘다고 쓸 수 있을지 모르지만, 실질적인 학습 효과는 미미할 수밖에 없습니다.

K가 부족한 학습자에게 실습만 시키면 맥락을 이해하지 못하고, S가 부족한 학습자에게 이론만 가르치면 실무에 적용하기 어렵습니다.

> 예시 신입사원 대상 보고서 작성 교육

- K(지식) : 보고서 구조, 문서 작성 원칙을 교육
- S(기술) : 실제 내부 보고서 예시를 분석하고 직접 보고서 작성 후 피드백 제공
- A(태도) : 보고서의 중요성과 사례를 통한 책임감 강조

교육은 일률적인 과정이 아니라, 학습자의 상황에 맞춘 설계된 경험이어야 합니다. 교육 담당자와 강사는 학습자가 K, S, A 중 어떤 부분에서 어려움을 겪는지를 파악하고, 그에 맞는 교육 방식과 내용을 구성해야 합니다.

지식 (Knowledge)

특정 현상이나 사물에 대한 인식 체계
사실, 개념, 원리, 절차, 형식지 VS 암묵지

기술 (Skill)

사회적, 신체적으로 특정 일과 관련된 능력
커뮤니케이션, 교수 능력, 운전 능력 등

태도 (Attitude)

삶이나 직무 수행에 요구되는 정서적 요인
특정 대상에 대해 좋아하고 싫어하는 마음

핵심 정리

✓ 분석(Analysis) 단계는 학습자와 조직 요구를 객관적으로 이해하고 조율하는 교육 설계의 출발점이다.

✓ 교육은 모든 조직 문제의 해결책이 될 수 없다. 따라서 교육으로 해결할 수 있는 문제인지 구분할 수 있어야 한다.

✓ 학습자의 특성, 학습 환경, 업무 현실을 분석해야 실효성 있는 교육이 가능하다.

✓ 성인 학습자는 다양하고, 자율성과 실용성을 중시하므로 교육은 자기 주도성과 실무 적용성을 반영해야 한다.

✓ KSA 분석을 통해 학습자의 부족한 요소가 지식(K), 기술(S), 태도(A) 중 무엇인지 정확히 파악해야 효과적인 교육 설계가 가능하다.

방향이 있어야 길이 보인다
효과적인 학습 목표 수립

1) 학습 목표 설정의 중요성 — 교육 설계의 방향과 성과를 좌우하는 첫걸음

ADDIE 모델의 첫 단계인 'A(분석)'에서는 학습자의 특성과 필요 역량, 학습 환경을 분석합니다. 그러나 아무리 정교한 분석이 이루어졌더라도 그 결과를 바탕으로 학습 목표를 명확히 설정하지 않으면 기대했던 교육 성과를 얻기 힘들어집니다. 교육 설계(Design) 단계는 분석을 바탕으로 교육의 뼈대를 구성하는 작업이며, 이 과정에서 가장 먼저 해야 할 일은 학습 목표를 구체화하는 것입니다.

학습 목표가 불분명하면 교육 내용도 흐릿해지고, 학습자 역시 방향성을 잃게 됩니다. 반대로 학습 목표가 분명히 설정되면, 교육 전체가 그 목표를 중심으로 유기적으로 설계되고 실행됩니다. 학습 목표(Learning Objectives)는 교육 종료 후 학습자가 어떤 지식(Knowledge), 기술(Skill), 태도(Attitude)를 갖추게 될지를 명확히 규정하는 기준이 됩니다. 과정이 끝난 뒤 "이 교육을 통해 무엇을 배우셨습니까?", "업무에서 어떻게 적용할 수 있습니까?" 라는 질문에 구체적인 답이 나올 수 있어야 합니다.

> 학습 목표가 없으면 교육은 길을 잃습니다.
> 목표를 명확히 설정해야 효과가 생깁니다.

조직 내 교육은 지식을 주입하는 목적을 넘어, 성과를 이끌어 내는 수단입니다. 따라서 학습 목표는 조직이 기대하는 변화, 즉 GAP을 줄이기 위한 기준이 되어야 합니다. 학습자가 교육을 통해 도달해야 할 수준이 명확해야 교육의 방향과 내용이 흐트러지지 않습니다.

명확한 학습 목표는 학습자에게도 분명한 이정표가 됩니다. '이 교육이 끝나면 나는 어떤 일을 할 수 있게 되는가?'를 인식하게 되면 학습자는 더욱 능동적으로 수업에 참여하고 몰입하게 됩니다. 강사 또한 명확한 목표를 기준 삼아 핵심 내용을 선별하고 체계적으로 전달할 수 있습니다. 결국 학습자와 강사 모두가 동일한 목표를 바라보며 수업을 함께 이끌어갈 수 있게 됩니다.

또한, 학습 목표는 평가 기준의 역할도 합니다. 목표가 설정되어 있다면 교육 종료 후 학습자가 그 목표에 도달했는지를 점검할 수 있으며, 이를 통해 교육의 효과성을 객관적으로 측정할 수 있습니다. 학습 목표는 교육의 시작이자 끝, 즉 출발점이자 도착점입니다. 교육의 모든 단계는 이 목표를 중심으로 설계되어야 합니다.

2) ABCD 모델 – 구체적이고 평가 가능한 교육 목표 수립

학습 목표를 구체적이고 측정할 수 있게 설정하기 위해서는 체계적인 도구가 필요합니다. ABCD 모델은 그 대표적인 방법 중 하나로, 네 가지 구성 요소를 중심으로 학습 목표를 명확히 설정할 수 있도록 도와줍니다.

A(Audience, 학습자) – 교육 대상은 누구입니까?

교육 대상이 누구인지 명확하게 정의해야 합니다. 신입사원, 관리자, 팀장 등 교육의 성격에 따라 학습자의 수준과 역할이 달라지므로 이를 먼저 구체화해야 합니다.

🌱 B(Behavior, 행동) - 학습자는 무엇을 할 수 있어야 합니까?

교육을 마친 후 학습자가 실제로 수행할 수 있는 행동을 구체적으로 설정해야 합니다. '이해한다', '배운다' 같은 모호한 표현보다는 실제로 측정할 수 있는 행동 동사를 사용하는 것이 핵심입니다.

🌱 C(Condition, 조건) - 어떤 조건에서 수행합니까?

학습자가 행동을 수행할 환경이나 상황을 명시해야 합니다. 어떤 자료, 도구, 조건 아래에서 그 행동이 이루어지는지를 구체화합니다.

🌱 D(Degree, 기준) - 어느 수준까지 수행해야 합니까?

학습자가 도달해야 할 성취 기준을 정합니다. 얼마나 정확하게, 얼마나 빠르게, 어느 수준 이상으로 행동을 수행해야 하는지를 명시해야 합니다.

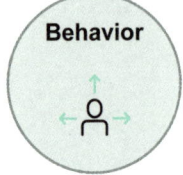

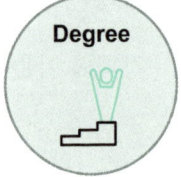

Audience	Behavior	Condition	Degree
행동변화가 기대되는 학습자	학습자가 달성할 수 있는 목표, 행동관찰 가능한 용어	바람직한 행동이 일어날 수 있는 조건	성취 행동을 수행할 경우 어느 정도에서 만족할 것인가

예시 학습 목표 비교

- **불명확한 목표** : 보고서를 작성할 수 있다
- **명확한 목표** : 신입 직원(A)은 제공된 데이터를 활용(C)하여, 논리적 흐름을 갖춘 요약 보고서를 90% 이상의 정확도(D)로 작성할 수 있다(B)
- **불명확한 목표** : 고객 응대 스킬을 배운다
- **명확한 목표** : 콜센터 직원(A)은 다섯 가지 고객 불만 사례(C)를 바탕으로, 긍정적인 응대 스크립트를 사용(B)하여 80% 이상 만족도(D)를 얻을 수 있다

> 좋은 학습 목표는 '무엇을 배우는가?'가 아니라
> '배운 후 무엇을 할 수 있는가?'에 초점을 맞춥니다.

학습 목표의 핵심은 'B(행동)'를 구체적으로 정의하는 데 있습니다. 이때 사용할 수 있는 것이 벤저민 블룸Benjamin Bloom 교수의 '학습 목표 분류 체계'입니다. 블룸은 학습 목표를 '지식(Knowledge)', '기술(Skills)', '태도(Attitude)' 이렇게 세 영역으로 나누고, 영역별로 적절한 동사를 제시했습니다. 이를 통해 목표를 더욱 명확하고 측정 가능하게 설정할 수 있습니다.

지식(Knowledge) : 무엇을 알고 있어야 하는가?

지식 영역은 사실, 개념, 원리, 이론 등을 이해하는 능력으로 이 단계의 목표는 배운 내용을 기억하고, 설명하고, 적용하는 것입니다.

- 기억(기본적인 정보 습득) : 나열한다, 정의한다, 암기한다, 설명한다

  학습자는 회사의 핵심 가치를 나열할 수 있다.

- 이해(개념과 원리를 이해하고 설명) : 요약한다, 해석한다, 비교한다, 설명한다

  학습자는 조직의 미션과 비전을 설명할 수 있다.

- 적용(배운 개념을 실제 상황에 적용) : 활용한다, 적용한다, 문제를 해결한다

  학습자는 문제 해결 프레임워크를 실제 업무에 적용할 수 있다.
- 분석(정보를 구조적으로 해석하고 비교) : 구분한다, 비교한다, 분석한다

  학습자는 두 가지 전략을 비교하여 장단점을 분석할 수 있다.
- 평가(정보를 검토하고 결론을 도출) : 판단한다, 추천한다, 평가한다

  학습자는 조직의 회의 문화를 평가하고 개선 방안을 제안할 수 있다.
- 창조(새로운 개념이나 방법을 만들어 냄) : 설계한다, 개발한다, 구성한다

  학습자는 고객 데이터를 분석하여 마케팅 전략을 개발할 수 있다.

✎ 기술(Skills) : 무엇을 할 수 있어야 하는가?

기술 영역은 실제 업무에서 필요한 실무 능력과 숙련도를 포함한다. 이론적 지식뿐만 아니라, 배운 내용을 직접 수행할 수 있는 능력이 핵심이다.

- 기본 실습(기본적인 기술 익히기) : 실습한다, 연습한다

  학습자는 보고서 작성 시스템을 실습할 수 있다.

- 기능 습득(동작 숙련화) : 사용한다, 수행한다, 조작한다
  학습자는 ERP 시스템을 활용해 거래 내역을 입력할 수 있다.
- 응용(복합적인 기술을 적용하고 활용) : 조정한다, 최적화한다, 응용한다
  학습자는 협업 툴을 활용해 프로젝트 일정과 자원을 효율적으로 조정할 수 있다.
- 숙련(정확하고 능숙하게 수행) : 자동화한다, 해결한다, 제어한다
  학습자는 고객 상담 시 다양한 문제를 신속하게 해결할 수 있다.

태도(Attitude) : 어떤 자세를 가져야 하는가?

지식과 기술을 익히는 것만큼 업무 태도와 가치관을 형성하는 것도 중요하다. 대도 영역은 조직 문화, 윤리, 대인 관계, 협업 능력 등의 변화를 다룬다.

- 수용(가치를 받아들이고 관심을 가짐) : 듣는다, 주목한다
  학습자는 다양성과 포용성의 가치를 존중할 수 있다.
- 참여(적극적으로 행동하고 참여) : 토론한다, 함께한다, 논의한다
  학습자는 회의에서 동료의 의견을 경청하고 의견을 나눌 수 있다.
- 가치화(가치를 내면화하고 실천) : 지지한다, 옹호한다, 실천한다
  학습자는 윤리적 의사결정을 실천할 수 있다.

- 습관화(일관된 태도로 행동을 유지) : 체득한다, 내면화한다, 습관화한다

학습자는 고객 중심 사고를 일상 업무에서 체득할 수 있다.

이처럼 학습 목표가 지향하는 KSA(지식, 기술, 태도) 중 어떤 영역에 해당하는지를 명확히 하고, 그에 맞는 행동 동사를 설정해야 합니다. '보고서를 작성할 수 있다'라는 목표가 같은 교육이라도, K인지 S인지 A인지에 따라 교수 전략은 완전히 달라집니다.

> 교육 설계자는 목표가 '행동'으로 연결되도록 설계해야 합니다.
> 행동 없는 목표는 평가도, 성과도 불가능합니다.

블룸의 교육 목표 분류

구분	행동동사
지식(K)	설명하다, 식별하다, 예를 들다, 인식하다, 진술하다, 열거하다, 비교하다, 정의하다, 분류하다, 연결하다, 파악하다
기술(S)	작성하다, 기술하다, 측정하다, 조립하다, 만들다, 계산하다, 구성하다, 설계하다, 활용하다, 적용하다, 수립하다
태도(A)	실천하다, 결심하다, 수행하다, 자세를 취하다, 주의하다, 선호하다, 수용하다, 깨닫다, 선택하다

3) 체계적인 교육 구성 – 과정, 모듈, 교과목, 학습 주제

학습 목표가 설정되었다면 다음 단계는 교육 내용의 흐름을 구성하는 일입니다. 학습 목표를 달성하려면 교육 내용이 자연스럽고 논리적으로 연결되어야 합니다. 정보의 단순 나열이 아닌, 학습자가 점진적으로 개념을 이해하고 실무에 적용할 수 있도록 돕는 설계가 필요합니다. 이를 위해 교육을 '과정(Course) → 모듈(Module) → 교과목(Subject) → 학습 주제(Topic)'의 구조로 체계적으로 설계합니다.

체계적인 구성은 학습자의 인지적 부담을 줄이고 핵심 개념을 쉽게 이해하도록 돕습니다. 학습 목표와 연계된 교육 구조를 명확히 하면, 교육 후에도 현장에서 적용 가능한 틀을 제공할 수 있습니다. 즉, 학습자가 교육을 넘어서 실무에서 활용할 수 있는 실용적인 학습이 이루어지도록 해야 합니다.

✎ 과정(Course) : 교육의 큰 그림을 설계하는 단계

과정은 전체 교육의 방향성과 목표를 설정하는 최상위 개념입니다. 이 과정을 수료한 학습자가 어떤 변화를 이룰 수 있어야 하는지를 중심으로 설계해야 합니다. 학습자, 기간, 학습 방법 등 전반적인 구성 요소도 이 단계에서 체계적으로 정리합니다.

- 교육 목표 : 조직이 기대하는 최종 성과에 기반하여 설정합니다.
- 대상 학습자 : 신입사원, 관리자, 팀 리더 등 교육 대상을 명확히 구분합니다.
- 기간 및 형태 : 단기(1일/1주), 중기(1개월/3개월), 장기(6개월 이상) 등으로 기간을 설정합니다.
- 학습 방법 : 이러닝, 온오프라인 혼합 교육, 실습 중심 교육 등 적절한 방법을 선택합니다.

모듈(Module) : 학습 내용을 주제별로 그룹화

과정이 설정되면, 이를 논리적으로 연결된 학습 단위(모듈)로 구성해야 합니다. 모듈은 하나의 과정 안에서 유사한 주제를 묶어 학습의 큰 흐름을 형성하는 단위입니다. 이때 중요한 것은 모듈을 'MECE Mutually Exclusive, Collectively Exhaustive' 원칙에 따라 구성하는 것입니다.

각 모듈은 다른 모듈과 중복되지 않도록 명확한 경계를 두고 구성해야 합니다. 장기간 교육이 1개월 이상 진행되는 경우, 초반에 다룬 내용이 후반부 일정에서 다시 등장하는 일이 종종 발생합니다. 이는 교육 설계 없이 조직의 요청에 따라 교육을 급히 시작했을 때 자주 나타나는 현상입니다. 또한 교육 담당자와 강사 간에 모듈과 교과목에 대한 사전 조율이 부족할 때도 유사한 문제가 발생할 수 있습니다.

과정 전체에서 다루어야 할 내용을 빠뜨리지 않고 체계적으로 포함시키는 것도 중요합니다. 장기 교육이 어려운 조직이라면, 몇 시간씩 정기적으로 교육을 분리하여 구성하는 방식이 효과적입니다. 예를 들어 매번 "시간이 부족하니 일단 이것만 해주세요"보다는, "이 과정을 여섯 가지 모듈로 구성해 매월 하나씩 운영하겠습니다"라고 계획하는 것이 바람직합니다. 전체적인 학습 목표와 연계된 핵심 주제들을 나열한 후, 학습자의 수준과 요구에 따라 단계적으로 배치해야 효과적인 학습이 이루어질 수 있습니다.

✎ 교과목(Subject) : 실질적인 학습 내용 설계

모듈이 설정되면, 각각의 모듈 안에서 보다 세부적인 학습 내용인 교과목을 구성해야 합니다. 교과목 설계의 핵심은 '스킬셋 기반(Skillset-Based)' 접근입니다. 각 교과목은 단순한 개념 학습에 그치지 않고, 학습자가 실무에서 직접 활용할 수 있는 기술을 습득할 수 있도록 설계되어야 합니다.

직무별로 요구되는 업무 역량에 따라 필요한 스킬셋이 정의되고, 교육 목표와 학습 종료 후 학습자가 갖추게 될 스킬셋이 일치해야 합니다. 신입사원, 중간 관리자, 리더 등 교육 대상자에 따라 필요한 스킬셋은 달라지므로, 교과목도 이를 반영해 세분화해야 합니다. 또한 실습과 사례 기반 학습을 포함시켜 학습자가 자연스럽게 개념을 익히고 이를 실무에 적용할 수 있도록 구성하는 것이 중요합니다.

> 예시 교과목 1 - 업무 프로세스 이해 핵심 스킬셋

- **업무 절차 분석** : 조직 내 주요 업무 프로세스를 이해하고, 단계별 업무 흐름을 명확하게 정리할 수 있는 능력을 키웁니다.
"신규 프로젝트를 진행할 때, 업무 프로세스를 시각화하여 효율성을 높이고 병목 현상을 방지할 수 있습니다."

- **문제 해결 역량** : 업무 프로세스에서 발생할 수 있는 문제를 사전에 예측하고, 효과적인 해결책을 도출하는 능력을 개발합니다.

"현업에서 반복적으로 발생하는 문제를 분석하여 최적의 프로세스 개선안을 도출할 수 있습니다."

- 데이터 기반 의사결정 : 정량적·정성적 데이터를 활용하여 프로세스를 개선하는 능력을 함양합니다.

"업무 절차에 대한 SOP(Standard Operating Procedure, 표준 운영 절차)를 정리하여 팀원과 공유하고 일관성을 유지할 수 있습니다."

> (예시) 교과목 2 - 사내 협업 툴 사용법 핵심 스킬셋

- 이메일 커뮤니케이션 : 명확하고 효과적인 이메일 작성법, 비즈니스 이메일 예절, 회신 및 팔로우업 기술을 학습합니다.

"비즈니스 이메일을 작성할 때 명확한 제목과 목적을 포함하여 가독성을 높이고 빠른 피드백을 받을 수 있습니다."

- 프로젝트 관리 도구 활용 능력 : Asana, Jira, Trello, Notion, MS Project 등 다양한 프로젝트 관리 도구를 활용하여 업무를 체계적으로 정리하는 능력을 기릅니다.

"프로젝트 일정과 담당자를 PM 툴을 활용해 관리하여 업무 진행 상황을 실시간으로 파악할 수 있습니다."

- **디지털 협업 환경 적응력** : 원격 근무 및 하이브리드 워크 환경에서 Slack, Teams, Zoom 등을 효과적으로 활용하여 협업하는 역량을 강화합니다.

"Slack, Teams 등 커뮤니케이션 도구를 활용해 불필요한 이메일을 줄이고, 실시간 협업 속도를 높일 수 있습니다."

> (예시) **교과목 3 – 업무의 우선순위 설정 및 시간 관리 핵심 스킬셋**

- **일정 관리** : 캘린더 도구(Google Calendar, Outlook 등)를 활용하여 업무 일정을 효과적으로 관리하는 능력을 기릅니다.

"Google Calendar를 활용해 미팅, 주요 마감 기한, 피드백 일정 등을 체계적으로 관리할 수 있습니다."

- **우선순위 설정** : 아이젠하워 매트릭스, MoSCoW 기법 등을 활용하여 업무의 중요도와 긴급도를 구분하고 우선순위를 정하는 역량을 개발합니다.

"하루 업무를 시작할 때 우선순위를 설정하여 긴급하지만 중요하지 않은 업무에 시간을 빼앗기지 않습니다."

- 효율적인 업무 배분 : 팀원 간의 업무를 효과적으로 배분하고, 역할과 책임을 명확히 하여 업무 생산성을 높이는 능력을 갖춥니다. "팀 내 역할 분담을 명확히 하여 업무 과중을 방지하고 효율성을 극대화할 수 있습니다."

✏️ 학습 주제(Topic) : 개별 학습 단위로 세분화

학습 주제는 개별 수업 시간에 다루는 가장 작은 단위로, 교육생이 실제로 배우고 실무에 적용할 수 있는 내용을 포함해야 합니다. 교과목 단계에서 핵심 스킬셋이 명확히 정리되면, 학습 주제는 자연스럽게 구성됩니다.

> **예시** 우선순위 설정 방법 학습 주제

- **아이젠하워 매트릭스 실무 적용** : 업무를 긴급도와 중요도 두 가지 기준으로 구분하여 네 개의 사분면으로 정리합니다.

실습 : 본인의 하루 업무 목록을 작성하고 매트릭스 위에 배치합니다. 사분면별로 실행 계획을 수립합니다.

- MoSCoW 기법 실무 적용 : 업무를 Must, Should, Could, Would의 네 가지 카테고리로 구분하여 우선순위 기반 수행 계획을 수립합니다.

실습 : 현재 수행 중인 프로젝트의 주요 과제를 나열하고 각 과제를 네 가지로 분류합니다. 우선순위에 따라 리소스를 배분하고 실행 계획을 작성합니다.

체계적인 교육 구성은 커리큘럼 작성에 그쳐서는 안 됩니다. 효과적인 교육을 위해서는 교육 목표에 맞는 논리적인 구조를 만들고, 학습자의 수준과 실무 적용 가능성을 고려하여 내용을 구성해야 합니다. '과정 → 모듈 → 교과목 → 학습 주제'의 단계적 접근법을 활용하면 혼란 없이 명확한 교육 설계를 할 수 있습니다.

01 Course 과정	02 Module 모듈	03 Lesson 교과목	04 Subject 학습주제
Course Design 교육 목표 달성	**Module Design** 과정 목표 달성	**Lesson Plan** 실행 목표 달성	
이 과정을 수료한 학습자의 모습은?	모듈의 구성은 MECE하게 과정을 구성하는가?	전달하고자 하는 핵심 내용은 무엇인가?	

핵심 정리

- ✓ 학습 목표는 교육의 방향성과 성과 평가 기준이 되며, 설계의 출발점이자 도착점이다.
- ✓ ABCD 모델은 학습자의 행동을 구체적이고 측정할 수 있게 설계하는 데 효과적인 도구이다.
- ✓ 블룸의 분류 체계는 KSA 영역별로 적절한 행동 동사를 사용해 목표를 명확히 할 수 있게 한다.
- ✓ 교육 내용은 '과정 → 모듈 → 교과목 → 학습 주제'의 단계로 구조화해야 학습 흐름이 자연스럽다.
- ✓ 스킬셋 기반 교과목 설계를 통해 학습자의 실무 적용 가능성을 높일 수 있다.

4. 콘텐츠가 곧 메시지다
자료 구성과 스토리 설계

1) 교육 콘텐츠와 학습 자료 제작 – 강의의 완성도를 결정하는 핵심 요소

ADDIE 모델의 'D(Design, 설계)' 단계에서는 학습 목표를 설정하고 교수 전략과 교육 과정을 체계적으로 구성하는 방법을 살펴보았습니다. 설계가 끝났다면, 이제는 그 설계를 실제 교육 현장에서 구현할 수 있도록 교육 내용을 강의 자료와 학습 콘텐츠로 구체화하는 과정이 필요합니다. 설계 단계가 교육의 청사진을 그리는 과정이라면, 개발(Development) 단계는 그 청사진을 바탕으로 실질적인 교육 자료를 제작하는 단계입니다.

이 단계에서는 강의 자료, 실습 자료, 평가 도구, 영상 등 교육에서 실제로 활용될 모든 콘텐츠가 제작됩니다. 설계된 교육이 학습자에게 효과적으로 전달되기 위해서는 교육 자료가 학습 목적에 맞게 탄탄하게 구성되어야 합니다.

ADDIE 모델의 세 번째 단계인 'D(Development, 개발)'는 설계된 교수 전략과 학습 목표를 실질적인 교육 자료로 전환하는 핵심 과정입니다. 이때 강사가 수업을 진행할 때 활용할 다양한 학습 자료를 체계적으로 개발해야 하며, 학습자들이 더 쉽게 이해하고 몰입할 수 있도록 전달 방식을 고려하여 구성해야 합니다.

개발(Development) 단계에서 제작해야 할 핵심 자료

- 강의 자료(PPT, 교안, 워크북)
- 학습 활동 자료(실습 과제, 토론 주제, 케이스 스터디 등)
- 평가 도구(퀴즈, 테스트, 피드백 설문 등)
- 멀티미디어 자료(영상, 애니메이션, 인포그래픽 등)

> 교육의 효과는 학습 자료의 품질에 달려 있습니다.
> 콘텐츠 개발은 강의의 '전달력'을 극대화하는 과정입니다.

교육 담당자와 강사 모두 학습 자료의 품질을 높이고자 하는 의지를 가지고 있습니다. 하지만 바쁜 업무와 강의 일정 속에서 지속적으로 콘텐츠를 개선하고 최신 트렌드를 반영하기란 쉬운 일이 아닙니다. 학습 자료는 한 번 만들고 끝나는 것이 아니라, 대상과 환경에 따라 계속해서 다듬고 보완해야 하는 살아 있는 자산입니다.

이를 위해 필요한 것은 체계적인 콘텐츠 관리입니다. 교육 자료를 한 곳에 정리하고 축적하는 '콘텐츠 저장소'를 미리 구축해 두면, 교육을 기획할 때 빠르게 적절한 자료를 찾고 활용할 수 있습니다. 강의 퀄리티를 일정 수준 이상으로 유지하기 위해서도 이처럼 조직적이고 전략적인 콘텐츠 관리가 필수적입니다.

2) 콘텐츠 창고 – 지속 가능한 교육을 위한 자료 축적과 관리 전략

교육의 품질은 단발적인 아이디어보다 축적된 자료에서 나옵니다. 매번 교육을 새롭게 기획하기보다, 축적된 콘텐츠를 체계적으로 활용하고 재구성하는 것이 중요합니다. 이를 위해 필요한 것이 바로 '콘텐츠 창고'입니다.

콘텐츠 창고를 구축할 때 고려해야 할 핵심 요소는 다음 세 가지입니다.

첫째, 카테고리화입니다. 과정별, 주제별, 콘텐츠 유형별로 자료를 정리해야 합니다. 둘째, 버전 관리입니다. 교육 대상과 목적에 따라 콘텐츠가 계속해서 업데이트되기 때문에 다양한 버전이 존재합니다. 날짜, 파일명 등의 규칙을 활용해 체계적으로 관리해야 합니다. 셋째, 검색 기능입니다. 필요할 때 원하는 자료를 빠르게 찾을 수 있도록 태그나 키워드를 설정해 두는 것이 좋습니다.

콘텐츠 창고 관리 방식

콘텐츠 유형	저장 위치	설명
강의 PPT & 워크북	구글 드라이브, 원드라이브	최신 버전과 이전 버전을 구분하여 보관
도서 및 신문 스크랩	노션, 옵시디언	확장 프로그램 활용
강의 기획서 및 스토리라인		공유 및 협업 가능
동영상 강의	유튜브, 비메오	교육 주제별로 검색
설문지 및 평가 도구(퀴즈)	구글 설문지, Teams Forms	자동 채점, 분석, 시각화

> 자료를 한곳에 쌓아두는 것이 아니라,
> 목적에 맞게 분류하고 검색할 수 있는 구조로
> 정리해야 합니다.

콘텐츠 창고를 잘 구축해 두면 새로운 교육 과정을 설계할 때 처음부터 만들지 않아도 됩니다. 기존 자료를 재구성하거나 통합하여 새로운 프로그램을 구성할 수 있으며, 주제를 나누어 더 세분화된 교육을 만들 수도 있습니다. 이렇게 절약된 시간은 최신 정보를 탐색하고 트렌드를 학습하는 데 활용할 수 있습니다. **콘텐츠 창고는 새로운 콘텐츠 유입과 교육 품질 향상의 선순환 구조를 만듭니다.**

또한, 최신 기사, 논문, 연구 결과 등을 축적해두면 교육 자료에 신뢰성과 시의성을 더할 수 있습니다. 강사가 바뀌더라도 일정 수준 이상의 교육 품질을 유지할 수 있으며, 피드백 기록을 바탕으로 과정 개선도 손쉽게 이루어집니다. 새로운 과정을 기획하거나 교육 종료 후 결과 보고서를 작성할 때도 관련 자료를 빠르게 찾을 수 있어 효율적인 문서 작성이 가능합니다.

> 예시   폴더 및 파일 정리

- 강의 자료
  - 리더십 교육 : 소통리더십, 성과관리
  - 문제 해결 워크숍 : 창의 방법론 ASIT, 디자인씽킹
  - 고객 응대 스킬 : 비즈니스 매너, 악성 민원 대응

■ **사례 연구**
- 논문, 매거진, 도서
- 세미나, 발표, 동영상

자료를 주제별, 유형별로 분류하여 검색이 쉽도록 정리해야 합니다.

파일명은 '과정_교과목_기관(장소)_날짜' 순으로 정리하면 검색이 쉽습니다.

예 : 5급 역량강화_생성형 AI 활용_경기도청_250216

구글 드라이브, 노션, 원드라이브, 셰어포인트 등 다양한 플랫폼을 활용해 자신에게 맞는 도구를 선택할 수 있습니다. 이러한 플랫폼은 검색과 공유 기능이 뛰어나며, 공동작업을 통해 구성원들이 함께 콘텐츠를 개발할 수 있는 환경도 제공합니다.

> 콘텐츠는 쌓는 것이 아니라
> '꺼내 쓰기 좋게 정리하는 것'이 핵심입니다.
> 체계적인 관리가 교육 품질의 기반이 됩니다.

3) 효과적인 PPT 디자인 – 학습자 중심의 시각적 전달 전략

PPT는 강사가 학습자에게 핵심 메시지를 명확히 전달할 수 있는 가장 효과적인 시각 도구입니다. 이는 콘텐츠 창고에서 잘 축적된 자료를 기반으로 메시지를 선택하고, 이를 효과적으로 구성하는 과정에서 완성됩니다. 잘못 설계된 슬라이드는 오히려 학습자의 집중력을 흐트러뜨리고, 중요한 정보의 전달을 방해할 수 있습니다. 따라서 교안 개발에서는 다음의 디자인 원칙을 이해하고 실천하는 것이 중요합니다.

One Slide, One Message

한 슬라이드에는 하나의 메시지만 담는 것이 원칙입니다. 핵심 개념은 명확한 한 문장으로 정리하고, 추가 설명은 강사의 말로 보완합니다. 여러 개념이나 항목이 필요한 경우에는 애니메이션 기능을 활용해 차례대로 제시합니다. 복잡한 구성보다는 핵심에 집중하고, 심플함을 우선해야 합니다.

🖍️ 여백 활용

여백은 불필요한 공백이 아니라, 시각적으로 중요한 정보를 강조하는 전략적 도구입니다. 여백이 부족하면 시선이 분산되고, 학습자가 어디에 집중해야 하는지 혼란스러워질 수 있습니다. 텍스트와 이미지 사이에 충분한 여백을 두어 가독성을 확보합니다.

🖍️ 가독성이 높은 디자인

아무리 훌륭한 콘텐츠라도 학습자가 읽지 못하면 의미가 없습니다. 글자 크기는 최소 24pt 이상으로 설정하고, 가독성이 높은 글꼴을 사용해야 합니다. 줄 간격은 넉넉하게 조정하고, 문장보다는 핵심 키워드를 중심으로 정리하면 학습자가 내용을 빠르게 이해하고 기억하는 데 도움이 됩니다.

🖍️ 시각적 요소 활용

사람은 글보다 이미지나 도형을 더 빠르게 인식합니다. 다이어그램, 아이콘, 인포그래픽 등을 적절히 활용하면 개념 전달이 쉬워집니다. 복잡한 개념은 도식화하여 제시하고, 아이콘이나 강조선을 추가해 시각적 흥미를 유도합니다. 순서도, 마인드맵 등을 활용하는 것도 좋은 방법입니다.

색상과 대비

색상과 대비는 정보 전달의 강력한 수단입니다. 적절한 색상 조합은 집중력을 높이고, 핵심 내용을 강조하는 데 효과적입니다. PPT 전체에 사용할 색상을 두세 가지로 제한하고, 슬라이드 마스터 기능을 활용하여 일관된 톤앤매너를 유지하는 것이 좋습니다. 눈의 피로를 줄이기 위해 부드러운 색상을 선택하는 것도 중요합니다.

ADDIE 모델의 'D(개발)' 단계는 학습 목표를 효과적으로 전달하기 위한 콘텐츠를 실질적으로 제작하는 과정입니다. **좋은 PPT는 학습자의 몰입과 이해를 이끌어내기 위해 설계된 시각 언어입니다.**

핵심 정리

- ✓ 개발 단계는 설계된 교육을 실현하는 핵심 과정으로, 강의 자료와 콘텐츠 제작이 중심이다.

- ✓ 교육 자료는 학습 목표에 맞춰 구조화되어야 하며, 지속적으로 업데이트되는 '살아 있는 자산'이다.

- ✓ 콘텐츠 창고는 자료를 분류, 버전 관리, 검색할 수 있도록 구성해 교육 품질을 유지하는 기반이 된다.

- ✓ PPT는 핵심 메시지를 효과적으로 전달하기 위한 시각적 도구로, 명확성, 가독성, 단순성이 중요하다.

- ✓ ADDIE의 '개발' 단계는 학습자 중심의 전달력 높은 콘텐츠를 완성하는 구체적 실행 과정이다.

Chapter 3.

학습자의
몰입을
설계하라

집중과 참여를 끌어내는 교육의 기술

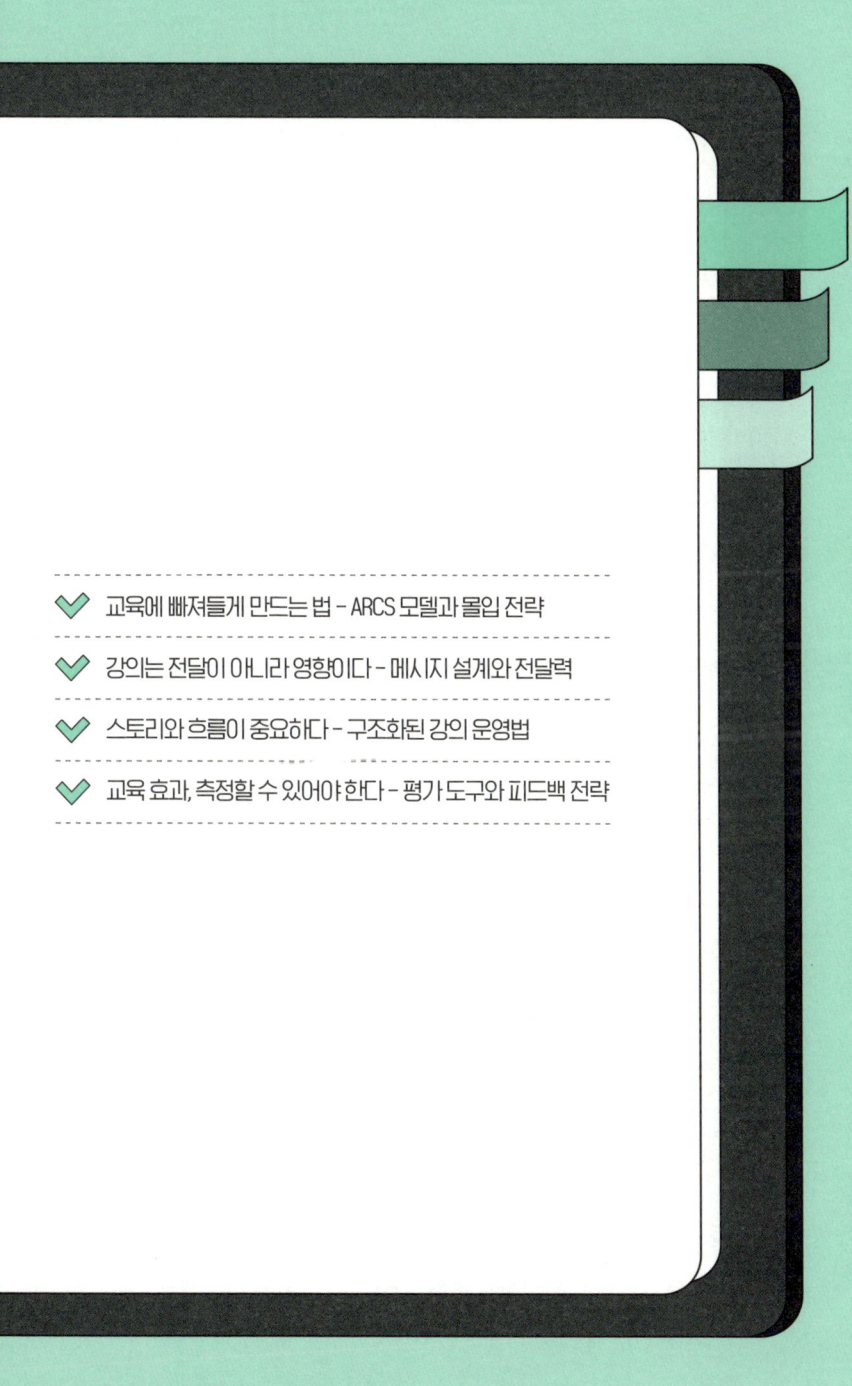

- ✅ 교육에 빠져들게 만드는 법 – ARCS 모델과 몰입 전략
- ✅ 강의는 전달이 아니라 영향이다 – 메시지 설계와 전달력
- ✅ 스토리와 흐름이 중요하다 – 구조화된 강의 운영법
- ✅ 교육 효과, 측정할 수 있어야 한다 – 평가 도구와 피드백 전략

교육에 빠져들게 만드는 법
ARCS 모델과 몰입 전략

1) ARCS 모델 – 학습자의 동기 유발 전략

 ADDIE 모형의 흐름에 따라 '분석(Analysis)', '설계(Design)', '개발(Development)' 단계를 살펴보았습니다. 개발 단계에서는 강의 자료와 학습 콘텐츠를 효과적으로 제작하는 것이 핵심입니다. 그러나 콘텐츠의 완성도만으로 교육의 효과가 결정되지는 않습니다. 학습자의 몰입과 동기가 부족하다면, 아무리 훌륭한 콘텐츠라도 교육 효과는 제한될 수밖에 없습니다. 학습자가 교육에 흥미를 느끼고 의미를 발견하며, 성취감을 통해 진정한 학습을 경험할 수 있도록 구성하는 것이 중요합니다.

> 결국 교육의 성패는 '무엇을 가르치는가'와
> '학습자가 얼마나 몰입하는가'의 합으로 결정됩니다.

학습자가 몰입하지 못하는 이유는 단순한 집중력 부족만으로 설명되지 않습니다. 강의가 흥미롭지 않거나 자신과 관련이 없다고 느낄 때, 혹은 업무 피로가 누적되어 있을 때도 몰입이 어려워집니다. 처음에는 열정적으로 참여하더라도, 강의 내용이 직관적으로 이해되지 않거나 지나치게 복잡하게 느껴질 경우, 그리고 '이걸 배워도 실제로 쓸 일이 없을 것 같다'라는 인식이 생기는 순간 몰입도는 급격히 떨어집니다.

따라서 교육 담당자가 과정을 설계하고 모듈을 구성할 때나 강사가 개별 교과목을 진행할 때, 이러한 학습자의 상태를 예측하고 사전 대응하려는 노력이 필요합니다.

이때 활용할 수 있는 것이 바로 'ARCS 모델'입니다. 교육 심리학자인 존 M. 켈러John M. Keller 교수가 제안한 ARCS 모델은 학습자의 동기를 유발하고 유지하기 위한 구체적인 전략을 제시합니다. 또한 교육 과정 중에서 학습자가 도전하여 자신감을 갖게 하고 성취감을 느껴 과정 내에서뿐만 아니라 종료 후에도 지속적으로 학습하게 만드는 전략입니다. 이 모델은 이러한 흐름으로 'Attention(주의)', 'Relevance(관련성)', 'Confidence(자신감)', 'Satisfaction(만족감)'의 네 가지 요소로 이루어져 있습니다.

　교육 과정 개발 시 ARCS 모델을 적용하면, 학습자들이 '왜 이 교육을 들어야 하는가', '어떻게 하면 끝까지 집중할 수 있는가'에 대한 답을 스스로 찾을 수 있도록 도와줄 수 있습니다. 이는 강의 설계뿐 아니라, 교수자의 전달 방식, 활동 구성, 피드백 전략에도 영향을 주는 중요한 기준이 됩니다.

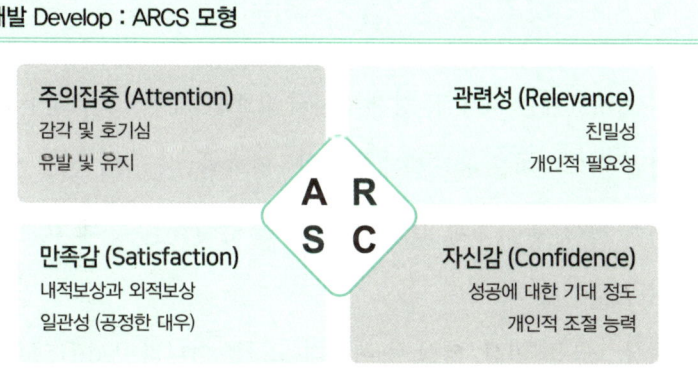

2) 주의(Attention) – 학습자의 관심을 끌고 유지하는 전략

학습자가 강의나 학습 자료에 집중하지 않는다면, 아무리 훌륭한 콘텐츠라도 효과적으로 전달되기 어렵습니다. 유튜브, SNS 등 다양한 정보가 넘쳐나는 환경 속에서 학습자는 선택적으로 주의를 기울이며, 자료가 흥미롭지 않으면 쉽게 집중을 잃고 다른 자극에 끌릴 가능성이 높습니다. 따라서 학습자의 관심을 끌고 유지하는 전략이 필요합니다.

✎ 지각적 주의 – 감각을 자극하는 요소 활용

- 학습 자료에는 시각적, 청각적 자극 요소를 적극적으로 활용하여 학습자의 흥미를 유도해야 합니다. 영화의 한 장면, 현장 사진, 최신 기사 등 현실과 연결된 콘텐츠는 관심을 끄는 데 효과적입니다.
- 색상, 애니메이션, 영상 등 시각적 도구뿐 아니라 Padlet, Mentimeter와 같은 실시간 인터랙티브 도구를 활용하면 학습자의 반응을 즉시 확인하고 기존 지식을 점검하는 퀴즈로 연결할 수 있습니다. 이러한 도구는 학습자의 기대감을 자연스럽게 높여줍니다.

- 강의 중에는 목소리의 톤, 속도, 강약 등을 조절하여 단조로움을 피하고 주의력을 유지합니다. 때로는 의도적인 침묵과 어조의 변화를 통해 집중도를 높이는 것도 효과적입니다.

탐구적 주의 – 호기심을 자극하는 질문과 문제 제시

- "오늘 교육이 끝나면 여러분의 업무 방식은 어떻게 달라질까요?", "이 문제를 해결하지 못한 기업은 어떻게 되었을까요?"와 같은 질문으로 학습자의 호기심을 유도합니다.
- 학습자가 자신의 지식과 연결되는 질문을 받으면 본능적으로 답을 찾고 싶어 합니다. 예를 들어, 민원 담당자에게 "최악의 민원 사례로 꼽힌 상황은 무엇일까요?" 같은 질문을 던져 보십시오.
- 실생활 사례로 만들어진 문제 문제 해결 학습(PBL) 통해 학습자가 주도적으로 사고하고 실습할 수 있도록 유도합니다.

변화와 다양성 – 일관된 흐름 속에서 변화를 주는 설계

- 텍스트, 이미지 등 여러 콘텐츠를 혼합해 단조로움을 피합니다.
- 성인 학습자의 집중력을 고려해 약 15분 간격으로 콘텐츠 형식을 전환합니다.

- 영상 삽입, 동료와의 논의 시간 등 능동적인 참여를 유도하는 활동을 주기적으로 설계합니다.

> 강의의 첫 5분이
> 학습자의 몰입도를 결정합니다.

3) 관련성(Relevance) - 학습자가 학습의 가치를 인식하도록 설계하는 전략

학습자는 학습 내용이 자신과 무관하다고 느끼는 순간, 학습 동기를 급격히 잃게 됩니다. 따라서 학습자가 교육 내용을 자신의 업무나 일상과 직접적으로 연결된다고 느낄 수 있는 콘텐츠가 포함되어야 합니다. 직무 과정이라 하더라도 개인적인 활용 가능성을 강조하거나, 현재의 업무와 직접적인 연관이 없더라도 향후 어떻게 활용될 수 있는지를 구체적으로 제시해야 합니다. 학습자가 '이건 나에게 필요해'라고 느끼는 순간, 학습에 몰입하고 실무 적용 의지를 갖게 됩니다.

🖊 친숙성 – 학습자의 경험과 연결하기

- 학습자가 이미 알고 있는 개념이나 경험과 학습 내용을 연결하면 이해도와 몰입도가 높아집니다. "데이터를 다운받아 보면 이 부분을 수작업하신 경험이 있지 않으세요?"와 같은 질문은 실제 그 경험을 해본 학습자는 물론, 유사한 상황을 겪어본 학습자에게도 학습 동기를 유발할 수 있습니다.
- "여러분의 기존 경험을 기반으로 새로운 개념을 연결해 보겠습니다.", "이전에 비슷한 경험이 있으셨던 분 계신가요? 어떤 방식으로 해결하셨나요?"처럼 현업 중심의 질문을 던지면, 학습자는 강사가 자신들과 같은 경험을 공유하고 있다는 인식을 갖게 되고, 이는 학습 의욕을 높이는 데 효과적입니다.

🖊 실용성 – 실무에 직접 적용할 수 있는 내용 제공

- 학습자가 "이 학습이 내 업무에 어떤 도움이 될까?"라는 질문을 스스로 던졌을 때, 교육 내용이 그에 대한 답이 되어야 합니다. 예를 들어 "오늘 교육의 핵심 목표는 실무에서 바로 적용할 수 있는 기술을 익히는 것입니다", "이 교육이 끝나면 여러분은 실무에서 직접 활용할 수 있는 도구를 갖게 됩니다"와 같은 메시지는 실용성을 강조하는 좋은 예시입니다.

- 실제로 업무 프로세스에 적용할 수 있는 가이드라인, 체크리스트, 실전 예제 등을 함께 제공하면 교육 내용의 활용 가능성이 높아집니다. "현재 여러분의 업무에서 가장 어려운 점은 무엇인가요? 이 교육이 그 문제를 해결할 수 있도록 도와드릴 것입니다"처럼 학습자의 과제를 직접 겨냥한 설명도 좋습니다.

✎ 역할 모델 – 동기부여를 높이는 사례 제시

- 학습자는 자신과 비슷한 환경에서 성공한 사람의 사례를 통해 동기부여를 받습니다. "이 교육을 수강한 이후 업무 성과가 크게 향상된 동료 직원의 사례를 공유하겠습니다"와 같이 실제 사례를 제시하면 학습자의 몰입과 실천 의지를 높일 수 있습니다.

> 학습자는 교육이 자신의 문제를 해결해 줄 것이라는
> 확신이 들 때 가장 적극적으로 참여합니다.

4) 자신감(Confidence) – 학습자가 성취감을 느끼도록 유도하는 전략

학습자는 자신이 학습을 성공적으로 수행할 수 있다는 확신이 있어야 집중력을 유지하고 지속적으로 학습할 수 있습니다. 반대로 자신감이 부족한 학습자는 학습을 포기할 가능성이 높아지고, 도전적인 과제에 대한 부담을 크게 느낄 수 있습니다. 예를 들어, 노코딩 클래스에서 갑자기 파이썬을 다루거나, 신규 직원 대상의 민원 응대 기초 교육에서 강사가 악성 민원 사례를 보여주며 자신의 역량을 과시하는 경우, 학습자는 '내가 할 수 있는 일이 아니구나'라는 생각에 위축될 수 있습니다. 따라서 학습자가 자신의 역량을 신뢰하고 목표를 달성할 수 있도록 난이도를 조절하고 적절한 지원을 제공하는 것이 필수적입니다.

✎ 학습 목표를 명확히 제시하고, 달성 가능한 단계를 제공하기

학습자는 자신의 학습 진척도를 인식할 수 있을 때 자신감을 얻습니다. 이를 위해 학습 목표를 단계별로 제공하고, 작은 성공 경험을 지속적으로 제시해야 합니다. "이 단계를 완료하면, 실무에서 이러한 것들을 하실 수 있는 스킬을 갖추게 됩니다", "여기까지 이해하셨다면 전체 과정에서 70%를 학습하신 것입니다"처럼 구체적인 안내가 효과적입니다.

학습 난이도를 조절하여 점진적으로 도전 정신 높이기

난이도가 너무 낮으면 학습자는 지루해지고, 반대로 너무 높으면 쉽게 포기하게 됩니다. 쉬운 개념에서 출발해 점진적으로 확장하는 방식이 바람직하며, 학습자가 적절한 도전 정신을 느낄 수 있도록 난이도를 설계해야 합니다. 특히 학습자의 배경지식 수준에 차이가 큰 경우, 한 그룹으로 통합하여 교육을 진행하면 효과적인 난이도 조절이 어렵습니다. 따라서 교육 담당자와 강사는 과정 설계 초기부터 학습자 특성을 충분히 고려하여 학습자 분류와 난이도에 대해 긴밀히 협의해야 합니다.

자기 평가 기회를 제공하여 성취감을 유도하기

학습자가 스스로 학습 진척도를 점검하고 자신의 발전을 인식할 수 있어야 합니다. "이전보다 더 나아졌다는 것을 느끼십니까? 체크리스트를 활용해 자신의 성취도를 확인해 보세요", "이 제 여러분이 직접 실습해 볼 시간입니다. 해보면서 어느 정도 익혔는지 점검해 보세요"와 같은 활동이 성취감을 높이는 데 도움이 됩니다.

> 적절한 난이도와 피드백을 제공하면
> 학습자의 성취감을
> 높일 수 있습니다.

5) 만족감(Satisfaction) – 학습자가 긍정적인 학습 경험을 지속하도록 유도하는 전략

학습이 끝난 후에는 학습자가 긍정적인 감정을 느끼고, 학습을 지속하고 싶다는 동기를 얻는 것이 중요합니다. 만족감이 높은 학습자는 학습한 내용을 실무에 적극적으로 적용하려는 의지를 보이며, 장기적으로도 지속적인 학습 습관을 유지할 가능성이 높습니다.

🖋 학습 결과를 실무와 연계하여 실제 적용 기회를 제공하기

학습자는 배운 내용을 실무에 직접 적용할 때 가장 큰 만족감을 느낍니다. "배운 개념을 실제 프로젝트에 적용해 보세요", "오늘 실습 시간이 충분하지 않았지만, 내일 바로 업무에 적용해 보시기 바랍니다"와 같은 멘트는 만족감을 유도하는 데 효과적입니다.

🖋 피드백 시스템을 구축하여 성취감을 극대화하기

긍정적인 피드백은 학습자의 만족도를 높이고, 지속적인 학습의 동기를 강화합니다. "좋은 질문입니다! 그런 접근도 고려해 볼 수 있겠네요", "매우 잘 따라오셨습니다. 다음 단계로 넘어가 보겠습니다"와 같은 피드백은 학습자에게 확신과 동기를 동시에 제공합니다.

🖋 학습 성과를 인정하고 보상 체계를 마련하기

학습 성과를 공식적으로 인정하고 이에 대한 보상을 제공하는 것은 학습 만족도를 높이는 효과적인 방법입니다. 예를 들어 수료 인증서 제공, 학습 포인트 적립, 사내 발표 기회 부여 등은 모두 좋은 사례입니다. "오늘 내용을 바로 적용해 메일로 제출해 주시는 분께는 도서를 선물로 드립니다", "여러분은 이 과정을 수료하여 마스터 배지를 받게 되고, 사내 코치로 정식 인증받습니다"와 같은 안내도 동기 부여에 효과적입니다.

> 학습자가 만족감을 느끼면,
> 지속적인 학습 의지가 생깁니다.

ARCS의 네 가지 요소가 균형 있게 작동할 때, 학습자는 단순한 정보 수용자가 아닌 능동적인 참여자로 변화합니다. 교육의 목적과 가치를 스스로 인식하게 되고, 학습 경험은 더 효과적이고 지속 가능한 성과로 이어집니다. 실무에서의 성공 경험을 만들고, 성장의 선순환 구조로 연결되도록 하기 위해 교육 담당자와 강사는 이 네 가지 요소가 과정 내에서 잘 작동하고 있는지를 점검해야 합니다.

핵심 정리

- ARCS 모델은 학습자의 동기를 유발하고 유지하기 위한 전략으로, '주의(Attention)', '관련성(Relevance)', '자신감(Confidence)', '만족감(Satisfaction)'의 네 가지 요소로 구성되어 있다.

- 학습자는 콘텐츠의 흥미, 실무와의 연관성, 도전 과제 달성 가능성, 긍정적 피드백을 통해 몰입하고 성취감을 느끼며 학습을 지속한다.

- 각 요소는 학습자의 몰입을 설계하는 핵심 전략이며, 강의 전반에 걸쳐 균형 있게 적용되어야 한다.

- 교육 담당자와 강사는 ARCS 요소가 학습 흐름에 반영되도록 설계하고, 실행 단계에서도 학습자의 반응을 점검해야 한다.

강의는 전달이 아니라 영향이다
메시지 설계와 전달력

1) ADDIE 모델의 실행 단계 – 효과적인 교육 실행 전략

ADDIE 모델의 네 번째 단계인 실행(Implementation)은 설계된 교육 프로그램을 실제로 운영하는 과정입니다. 이 단계의 핵심은 설계와 개발된 교육 콘텐츠를 효과적으로 전달하고, 학습자가 몰입할 수 있는 환경을 조성하는 데 있습니다. 교육 효과를 극대화하기 위해서는 철저한 준비와 실행 전략이 반드시 필요합니다.

> 철저한 준비가
> 실행 단계에서의 실수를 줄입니다.

실행 단계의 핵심 목표는 교육이 학습자의 기대와 조직의 목표에 맞게 운영되도록 하고, 학습자가 내용에 몰입할 수 있는 환경을 제공하는 것입니다. 이를 위해 고려해야 할 네 가지 핵심 요소는 다음과 같습니다.

강사의 역할과 준비

강사는 정보 전달자에 머물지 않고, 학습을 촉진하는 촉진자(Facilitator)의 역할을 해야 합니다. **아무리 좋은 콘텐츠가 준비되어 있어도 강사의 전달력이 부족하면 교육 효과는 반감될 수밖에 없습니다.** 따라서 강사는 교육 실행 전에 교육 내용을 철저히 숙지하고, 학습자 분석을 기반으로 효과적인 전달 전략을 준비해야 합니다. 예상 질문과 답변을 준비하고, 강의에서 활용할 교구와 실습을 미리 체크합니다. 시간 배분과 흐름을 사전 시뮬레이션해 보는 것도 효과적입니다.

학습 환경 조성 – 최적의 교육 경험 제공

학습자는 몰입할 수 있는 환경이 주어졌을 때 최대의 학습 효과를 얻을 수 있습니다. 오프라인 환경에서는 조명, 소음, 좌석 배치

등 물리적 조건을 세심하게 점검하고, 온라인 환경에서는 네트워크 안정성과 자료 공유 방식, 실시간 피드백 채널 등을 확보해야 합니다. 실습이나 프로젝트 중심 수업의 경우, 보조 강사의 배치와 공간 준비 여부도 미리 확인해야 합니다.

교육은 강사 섭외와 교재 배포로 끝나는 것이 아닙니다. 교육이 진행되는 동안 좌석 배치, 온도, 조명, 피드백 방식 등을 끝까지 챙겨야 합니다. 교육 담당자가 바쁘다는 이유로 교육 시작만 챙기고 종료 시점까지 나타나지 않는 경우가 많아 아쉽습니다. 참여하지 않으니 어떤 실습이 제공되는지 알 수 없고, 책상 배치도 묻지 않습니다. 이러한 담당자의 태도와 학습 환경은 교육의 품질과 직결됩니다.

✏️ 학습자의 참여 유도 – 적극적인 학습 분위기 조성

일방적인 강의는 학습자의 몰입을 떨어뜨립니다. 실제 교육 현장에서는 설계 단계에서 기획한 다양한 학습 방법들이 계획대로 되지 않는 경우도 많습니다. 이럴 때를 대비해 강사는 학습자의 참여를 이끌어낼 수 있는 몇 가지 스킬을 준비해 두는 것이 좋습니다.

- 질문 중심 강의 : 지속적인 질문을 통해 학습자의 사고를 자극합니다.
- 토론 및 그룹 활동 : 학습자 간 상호작용을 통해 참여도를 높입니다.
- 실제 사례 활용 : 강사의 경험이나 현업 사례를 공유하여 공감과 몰입을 유도합니다.

교육 실행 중 실시간 피드백 반영

교육 중 학습자의 반응을 면밀히 관찰하고 필요한 경우 유연하게 조정하는 것이 중요합니다. 참여자의 표정, 질문, 메모 방식 등을 통해 이해도를 확인하고, 교육 진행 속도와 전달 방식을 조정합니다. 온라인 강의의 경우 채팅, 투표 등의 기능을 적극 활용하여 실시간 피드백을 수집하고, 교육 후에는 설문 조사와 토론을 통해 개선점을 도출합니다.

ADDIE의 실행 단계는 학습자가 최적의 환경에서 교육을 받을 수 있도록 조율하는 종합적인 실천 과정입니다. 강사의 전달력, 교육 환경, 학습자의 참여도, 실시간 피드백까지 모든 요소가 유기적으로 연결될 때 비로소 효과적인 교육이 완성됩니다.

> 교육의 품질은 '준비된 콘텐츠'와
> '실제 강의 운영'이 결합될 때
> 극대화됩니다.

2) 효과적인 전달 및 시선 처리 – 강사의 말과 태도가 강의를 결정한다

같은 내용을 전달하더라도 강사의 말투, 태도, 표현 방식에 따라 학습자의 반응과 몰입도는 크게 달라집니다. 강사의 말과 행동은 교육의 품격을 결정하는 핵심 요소입니다.

전달력이 뛰어난 강사는 학습자의 몰입을 이끌고, 내용이 더 쉽게 이해되도록 도울 수 있습니다. 전달력이 뛰어나다는 것은 그저 말을 잘하는 것이 아니라, 효과적으로 메시지를 전달할 줄 아는 역량을 의미합니다. 목소리, 몸짓, 시선 처리 등 학습자의 몰입도를 높이는 요소들이 조화롭게 어우러질 때 비로소 강의의 완성도가 높아집니다.

✏️ 스피치(발성) 기법 – 강의의 메시지를 강력하게 만드는 법

강사의 목소리는 강의의 분위기를 조성하고, 학습자의 몰입도를 조절하며, 핵심 메시지를 강조하는 중요한 도구입니다. 목소리가 작거나 단조로우면 학습자의 집중력이 떨어지고, 강의 효과 역시 낮아질 수 있습니다. 말끝을 흐리는 습관도 조심해야 하며, 선명한 발성과 명확한 억양을 갖추는 것이 필요합니다.

✏️ 목소리의 볼륨(음량) – 명확하고 안정적인 전달

강의실의 크기와 청중 수에 따라 적절한 음량 조절이 필요합니다. 작게 말하면 전달력이 약해지고, 지나치게 크면 오히려 피로감을 유발합니다. 강조할 부분에서는 볼륨을 높이고, 설명이 필요한 부분에서는 차분한 톤을 유지합니다. 질문할 때는 음량을 살짝 줄여 학습자의 집중을 유도할 수 있습니다. 마이크 사용 여부에 따라 음량 조절도 고려해야 합니다.

✏️ 발음과 속도 – 명확하게, 또박또박 전달

말이 너무 빠르면 핵심이 전달되지 않고, 너무 느리면 지루해집니다. 발음이 불분명하면 개념이 왜곡될 수 있습니다. 평균 속도는 1분에 A4 용지 반 페이지 조금 안 되는 분량(약 700~800자) 정도가 적당하며, 강조할 부분에서는 천천히 말하고 강약 조절을 활용합니다. 질문 후 잠깐 멈추는 것도 학습자가 내용을 정리하는 데 도움이 됩니다.

억양과 리듬 – 단조로운 말투를 피하라

단조로운 톤은 학습자의 집중력을 떨어뜨립니다. 강조할 부분에서는 억양을 높이고, 문장 끝의 변화로 자연스러운 리듬을 만들어야 합니다. 강의 초반에는 활기차게, 후반부에는 안정적으로 마무리하는 것이 좋습니다.

멈춤(Pause) – 가장 강력한 스피치 기술

의도적인 침묵은 메시지를 강하게 전달하는 데 효과적입니다. 핵심 메시지를 말하기 전 1~2초간 멈추면 학습자의 집중도를 높일 수 있습니다. 질문을 던진 후에도 잠시 침묵을 두어 학습자의 사고를 유도합니다. 또박또박 발성을 잘하는 강사분들이 교육생을 잠들게 하는 경우가 있습니다. 쩌렁쩌렁한 발성으로 말하면 강의를 잘하는 것처럼 들리지만, 여백이 없으니 교육생에게는 어느새 소음이 되기도 합니다. 교육생의 태도도 좋고 목소리도 잘 나오는 날, 혹시 교육생들의 집중력이 떨어지는 것이 느껴진다면 멈춤을 활용해 보시길 추천합니다.

🖍 시선 처리 기법 – 강의의 몰입도를 높이는 강력한 도구

강의 중 강사의 시선은 학습자의 몰입도에 직접적인 영향을 미칩니다. 슬라이드나 노트만 계속 바라보면 학습자와의 연결이 끊기고 강의 효과가 떨어질 수 있습니다. 눈 맞춤은 "당신과 대화하고 있습니다"라는 메시지를 전달하는 중요한 소통 수단입니다.

🖍 개별 시선 교환 – 청중 한 명 한 명을 바라보라

지속적으로 같은 방향만 바라보면 청중은 소외감을 느낍니다. 한 사람씩 3~5초간 시선을 맞추며 말하면 학습자의 몰입도가 높아집니다.

🖊 삼각형 시선법 – 강의장의 모든 청중을 커버하라

왼쪽, 중앙, 오른쪽을 번갈아 바라보며 고르게 시선을 분산시킵니다. 특정 방향만 보는 실수를 방지할 수 있습니다.

🖊 질문할 때는 특정인을 바라보라

질문을 던질 때 특정 학습자와 눈을 맞추면 더 적극적인 반응과 참여를 이끌 수 있습니다.

🖊 시선을 안정적으로 유지하라

시선이 불안정하면 학습자도 불안함을 느낍니다. 자신감 있는 자세와 자연스러운 시선 이동이 중요합니다. 강의 전에 자신 있는 제스처를 연습하는 것도 효과적입니다. 스피치와 시선 처리는 강사의 가장 강력한 무기입니다. 정확한 발성과 시선 처리는 학습자의 몰입도를 높이고 강의의 설득력을 강화합니다. 청중과의 눈 맞춤만으로도 몰입도가 크게 높아질 수 있습니다. 강의는 학습자와 연결되는 설계된 소통입니다. 스피치와 시선 처리 기술을 전략적으로 활용해 강의의 품질을 높이고, 학습 경험을 극대화해야 합니다.

> 강의 실행은
> 학습자의 몰입과 성장을 이끄는
> 설계된 경험입니다.

3) 설득력 있는 강사의 태도 - 강사의 태도가 신뢰를 만든다

강의의 전달력만큼이나 중요한 것은 강사의 태도와 매너입니다. 아무리 전문성을 갖춘 강사라도 태도가 적절하지 않으면 학습자의 신뢰를 얻기 어렵습니다. 교육은 정보를 전달하는 것을 넘어, 변화를 끌어내는 과정이며, 결국 설득의 기술입니다. 학습자가 강사를 신뢰하고 호감을 느낄 때 비로소 몰입이 깊어지고 배움이 행동으로 이어집니다.

강사의 태도는 강의 분위기를 좌우하며, 학습자의 반응과 몰입도를 결정짓습니다. 같은 내용을 전달하더라도 강사의 태도에 따라 학습자가 느끼는 강의의 품질은 전혀 달라집니다. 권위적인 태도는 학습자를 위축시키고 소극적으로 만들 수 있으며, 반대로 열린 자세로 학습자와 소통하는 강사는 신뢰를 쌓고 교육 효과를 높일 수 있습니다. 강사는 '무엇을 말하느냐'뿐 아니라, '어떻게 말하고', '어떤 태도로 전달하며', '어떻게 소통하는가'를 지속적으로 점검하고 개선해야 합니다.

✎ 학습자의 의견을 존중하는 열린 자세

강사는 학습자의 성장을 돕는 촉진자로서, 질문과 의견을 경청하고 존중하는 태도를 유지해야 합니다. 학습자의 발언이 다소 엉뚱하거나 자기 생각과 다르더라도 의미를 찾아 반응하는 것이 중요합니다. "아, 이것도 좋은 말씀인데요"라는 짧은 피드백만으로도 학습자는 자신의 의견이 존중받고 있다는 인상을 받을 수 있습니다.

질문이 많아져 강의 시간이 늘어날 때도 귀찮아하지 않고 학습자의 호기심을 소중히 여겨야 합니다. 시간이 부족하면 쉬는 시간을 활용하도록 유도하거나, 명확한 답변을 제공하지 못할 경우, "이 부분은 확인 후 다음 시간에 공유해 드리겠습니다"라는 솔직한 태도로 대응하면 오히려 더 큰 신뢰를 얻을 수 있습니다.

자신감을 가지되, 겸손한 태도 유지

강사는 전문가이지만, 동시에 학습자와 함께 배우는 사람입니다. 자신감은 필요하지만, 지나친 자기 확신은 학습자에게 거리감을 주고 몰입을 방해할 수 있습니다. "내가 전문가니까 내 말대로 따라오세요"라는 태도는 오히려 학습자의 자율성을 저해합니다. 진정한 전문가는 겸손한 자세로 학습자와 소통하고, 다양한 관점을 존중하는 사람입니다.

청중을 배려하는 소통 중심의 강의

강의는 혼자 말하는 독주가 아니라, 학습자와 함께 만들어가는 과정입니다. 지나치게 강사 중심으로 흐르면 학습자의 참여는 줄고, 교육 효과는 떨어집니다. 학습자의 표정과 반응을 살피며 강의 속도와 방식에 유연하게 대응해야 합니다. 학습자의 이해가 부족한 부분은 반복 설명하거나 사례를 들어 전환점을 만들어야 합니다.

온라인 강의 경험이 많은 강사라도 오프라인 현장에서는 청중과의 교감 방식이 다르므로 그에 맞는 조정이 필요합니다. 짧은 질문이나 실습, 토론을 활용해 분위기를 환기시키는 것도 효과적입니다.

🖊 시간 관리 철저 – 강의의 흐름을 조절하는 능력

강의 시간이 길어질수록 학습자의 집중도는 떨어지기 마련입니다. 따라서 핵심 내용을 중심으로 강의를 구성하고, 불필요한 내용을 줄이는 것이 중요합니다. "이번 시간에는 세 가지 핵심 내용을 다룹니다", "이제 마지막 내용입니다"처럼 흐름을 안내하는 멘트는 학습자가 강의를 따라가는 데 도움이 됩니다.

시작과 마무리를 명확히 하고, 쉬는 시간을 적절히 배분하는 것도 중요힙니다. "시간이 없으니 쉬지 않고 하겠습니다"라는 말은 바람직하지 않습니다. 특히 오전 교육의 경우, 11시 30분을 넘는 시점부터 집중력이 급격히 떨어지므로 이를 고려해 구성해야 합니다. 교육의 흐름과 강도의 조절, 짧은 휴식의 타이밍은 학습자의 컨디션 회복에도 큰 도움이 됩니다.

✎ 작은 디테일이 신뢰를 만든다

흡연 후 강의실에 들어와 냄새를 남기거나, 과음한 채 교육에 임하거나, 시작 5분 전에 허둥지둥 입장하여 빔 연결에 애를 먹는 강사는 교육의 분위기를 흐릴 수 있습니다. 심지어 이전 교육에서 사용한 PPT를 수정 없이 가져오는 경우, 학습자는 준비 부족을 쉽게 알아차립니다. 이러한 사소한 디테일이 신뢰를 무너뜨릴 수 있습니다.

'이 강사와 함께라면 변화가 가능하겠구나'라는 기대를 끝까지 유지할 수 있도록, 사전 준비와 태도 관리에 최선을 다해야 합니다. 필요하다면 교육 담당자와 함께 도구와 환경을 사전 점검하고, 시뮬레이션을 통해 강의의 완성도를 높일 수 있습니다. 강사의 진심과 태도는 학습자에게 반드시 전달됩니다.

> 좋은 강의는
> 강의실 안에서가 아니라,
> 강의실 밖에서의
> 철저한 준비로 완성됩니다.

핵심 정리

✓ 실행 단계는 설계된 교육을 실제로 운영하는 과정으로, 강사의 전달력, 학습 환경, 학습자 참여, 실시간 피드백이 유기적으로 작동해야 한다.

✓ 강사의 전달력은 교육 효과를 좌우하는 핵심 요소로, 목소리, 속도, 억양, 멈춤, 시선 처리 등이 학습자의 몰입도를 결정한다.

✓ 스피치와 시선 처리는 학습자와의 연결을 만드는 전략적 도구로, 말투와 눈 맞춤만으로 집중도와 설득력을 높일 수 있다.

✓ 강사의 태도는 학습자의 신뢰를 형성하는 핵심으로 열린 자세와 겸손한 소통이 몰입과 참여를 이끈다.

✓ 좋은 강의는 강의실 밖에서 시작된다. 사전 준비와 세심한 배려가 교육 품질을 완성한다.

스토리와 흐름이 중요하다
구조화된 강의 운영법

1) 메릴의 내용 요소 제시 이론 – 학습자의 몰입을 높이는 강의 설계

강의에서 핵심 개념을 효과적으로 전달하고 학습자의 몰입을 유도하려면, 체계적인 흐름이 필요합니다. 메릴Merrill의 '내용 요소 제시 이론(Component Display Theory)'은 이러한 흐름을 설계하는 데 유용한 이론입니다. 그는 학습자가 개념을 이해하고 예시를 통해 익히며, 연습을 통해 적용하고 회상하는 과정을 통해 학습 효과를 극대화할 수 있다고 설명했습니다.

메릴은 학습 효과를 높이기 위해 반드시 포함해야 할 네 가지 핵심 요소를 제시했습니다. 그는 이 요소들이 구조화된 흐름 속에서 작동할 때 진정한 몰입과 학습이 가능하다고 강조합니다. 따라서 이론 설명만으로는 부족하며 다양한 활동과 전개를 통해 학습 경험을 풍부하게 만들어야 합니다.

> 강의 실행(Implementation)의 핵심은
> '구조'와 '스토리'입니다.

✎ 원칙(Principle) – 핵심 개념과 원리를 명확히 제시하라

학습자는 배울 개념이 무엇이며, 어떤 원칙에 기반하는지 분명히 이해해야 합니다. 예를 들어, "오늘 강의의 주제는 '효과적인 피드백 기법'입니다. 피드백은 구체적이고 즉시 제공될 때 효과적입니다"처럼 명확한 메시지를 전달하고, 주요 원칙을 몇 가지로 구조화하면 학습자의 이해와 기억에 도움이 됩니다.

✎ 예(Example) – 사례를 통해 개념을 설명하라

이론만 제시하면 학습자는 실제 업무나 경험과 연결 짓기 어렵습니다. 따라서 직관적으로 이해할 수 있는 실무 사례나 영상, 언론 보도 등을 활용해 개념을 구체화해야 합니다. "A 기업은 피드백 시스템을 도입한 후 조직문화가 어떻게 변화했는지 함께 살펴보겠습니다"와 같이 개념을 '나의 문제'로 인식하게 해주는 사례는 몰입도를 높이는 데 효과적입니다.

연습(Practice) - 학습자가 직접 실습하고 적용하도록 하라

이론과 사례를 제시한 후에는 반드시 학습자가 스스로 적용해보는 시간이 필요합니다. "여러분이 직접 피드백 문장을 작성해보고, 짝과 함께 연습해봅시다", "오늘 배운 엑셀 함수를 활용해 실제 업무 데이터를 분석해보세요"처럼 실습 중심의 연습은 학습을 실천으로 연결해 줍니다.

회상(Recall) - 학습 내용을 정리하고 반추할 수 있도록 하라

회상은 학습 내용을 내재화하는 데 매우 중요한 단계입니다. "오늘 배운 내용을 4F(Facts, Feelings, Findings, Future)로 정리해 볼까요"와 같이 학습 내용을 말이나 글로 정리하면 기억이 오래 지속됩니다. 이 단계는 과정 마지막뿐 아니라 중간에도 활용할 수 있습니다. 예를 들어, "여러분이 싫어했던 선배의 행동을 떠올려 볼까요"처럼 과거 경험을 환기시켜 현재 학습과 연결 짓는 것도 회상의 일종입니다.

> 강의는 여행과 같습니다.
> 길을 잃게 할 수도 있고,
> 새로운 세상을 보여줄 수도 있습니다.

메릴의 내용 요소 제시 이론

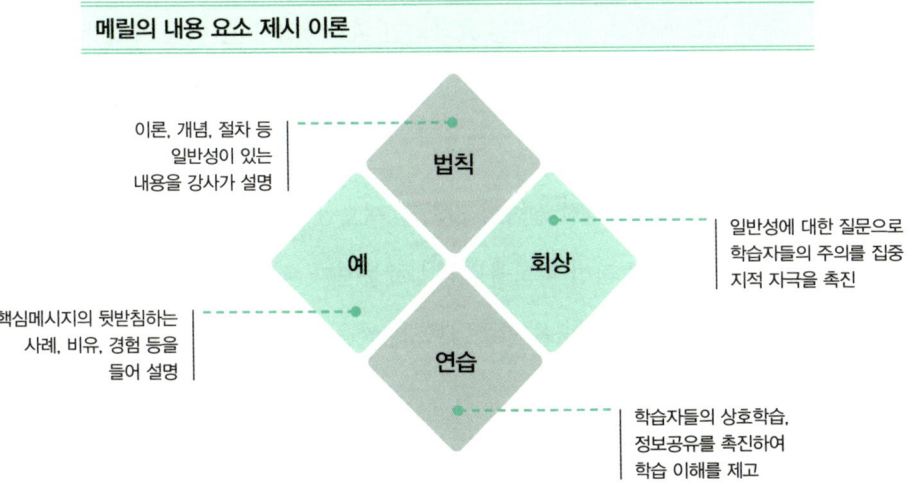

2) 내용 요소 이론을 활용한 강의 설계 방법

✎　원칙 → 예 → 연습 → 회상

- **원칙** : 핵심 개념을 명확하게 설명한다

  "오늘 강의에서는 효과적인 피드백 기법을 배웁니다. 피드백은 명확하고, 구체적이며, 즉시 제공될 때 가장 효과적입니다."

- **예** : 실제 사례를 제공한다

  "이제 두 가지 피드백 사례를 비교해보겠습니다. 첫 번째는 일반적인 피드백이고, 두 번째는 효과적인 피드백입니다. 어떤 차이가 있을까요?"

- **연습** : 학습자가 직접 실습할 기회를 제공한다

  "이제 여러분이 직접 피드백을 작성해봅시다. 각자의 경험을 바탕으로 효과적인 피드백을 만들어보고, 짝을 지어 연습해보세요."

- **회상** : 배운 내용을 정리하고 반추할 수 있도록 한다

  "오늘 배운 피드백 기법을 실무에서 어떻게 활용할 수 있을까요? 각자 업무에서 적용할 수 있는 방법을 한 가지씩 공유해봅시다."

✎ 회상 → 예 → 연습 → 원칙

- **회상** : 학습자가 이전 경험을 떠올릴 수 있도록 유도한다
"업무 중 받은 피드백 중에서 가장 도움이 되었던 것은 무엇이었나요?"
"반대로, 가장 효과적이지 않았던 피드백 경험은 어떤 것이었나요?"

- **예** : 실제 사례를 제공한다
"이번에는 실제 기업 사례를 살펴보겠습니다. A 회사는 피드백 문화를 강화한 결과, 팀워크가 개선되고 성과가 향상되었습니다."

- **연습** : 학습자가 직접 실습할 기회를 제공한다
"이 사례를 바탕으로 여러분도 직접 피드백을 작성해봅시다. 각자의 경험을 바탕으로 효과적인 피드백을 구성하고, 짝과 함께 연습해보세요."

- **원칙** : 핵심 개념을 정리하고 체계적으로 설명한다
"오늘 배운 피드백 기법의 핵심 원칙은 다음과 같습니다. ① 명확성, ② 즉시성, ③ 개선점을 포함한 구체적인 예시 제공. 이 원칙을 기억하며 실무에 적용해봅시다."

3) 스토리텔링 + 스토리두잉 – 학습 몰입과 행동을 이끄는 강의 전략

좋은 강의는 학습자가 자연스럽게 몰입하고 자신의 경험과 연결할 수 있도록 돕는 과정입니다. 앞서 살펴본 메릴의 내용 요소 제시 이론이 '학습 구조'를 만드는 데 효과적이라면, 스토리텔링은 학습자가 개념을 쉽게 받아들이고 강의의 흐름을 따라가도록 돕는 강력한 도구입니다.

강의가 단순한 정보 나열에 그치지 않으려면, 학습자와 감정적으로 연결되고 실생활과 연관되며 강의 흐름을 이끄는 이야기 구조가 필요합니다. 스토리텔링은 단지 재미를 주기 위한 것이 아니라, 이론과 실습을 자연스럽게 연결하고 학습자의 능동적 참여를 유도하는 전략입니다.

> 사람은 숫자나 개념보다
> '이야기'를 통해
> 더 오래 기억하고,
> 더 깊이 이해합니다.

스토리텔링을 넘어 스토리두잉까지 교수 설계에 포함되면 좋습니다. 스토리두잉Storydoing은 학습자가 이야기 속 인물이 되어 직접 사고하고 결정하며 행동하는 과정입니다. 정보를 '듣는 것'에 그치지 않고, 이야기를 '살아보게' 해야 진짜 학습이 됩니다.

도입 – 학습자의 관심을 끌고 강의 목적을 분명히 한다

강의 시작 5분은 학습자의 집중도가 가장 높은 시기입니다. 질문, 문제 제시, 흥미로운 사례 등을 활용해 강한 오프닝을 구성해야 합니다.

"이 강의가 여러분의 업무에 어떤 변화를 불러올까요?"

"최근 경험한 가장 어려운 커뮤니케이션 상황은 무엇이었나요?"

기대감을 조성하고 관심을 끌기 위해, 주제와 연결된 문제 상황을 제시해 보세요.

"이 강의에서 배우는 피드백 기법은 조직 문화를 바꾸는 핵심 요소입니다. 그런데 '상사에게 받은 최악의 피드백'은 어떤 것이었나요?"

전개 – 이야기 속에서 개념을 자연스럽게 전달한다

학습자가 개념을 외우는 데 그치지 않고 이야기 구조 속에서 경험하고 판단할 수 있도록 구성합니다.

"A 기업에서는 피드백을 평가 수단으로만 사용하다 팀워크에 문제가 생겼습니다. 이후 어떤 변화를 주자 직원 만족도가 80% 이상 상승했습니다. 무엇이 달라졌을까요?"

이처럼 사례를 이야기처럼 풀어가면 학습자는 정보를 받아들이는 게 아니라 이야기 속 선택지를 함께 고민하게 됩니다.

조금 더 나아가, 스토리두잉 요소로 확장합니다.

- 역할극(Role Play) : "이제 여러분은 피드백을 주는 상사와 받는 직원입니다. 실제 상황을 연기해보세요."
- 시뮬레이션 : "한 직원이 부정적인 피드백을 받았습니다. 당신이 HR 담당자라면 어떻게 개입하시겠습니까?
- 집단 스토리 구성 : "팀을 나눠 피드백 실패와 성공 사례를 이야기 형식으로 재구성해 발표해 봅시다."

스토리두잉 구성은 학습자가 배운 개념을 실제로 체험하고 응용하도록 돕습니다.

🖍️ 정리 – 배운 내용을 실제 적용으로 연결한다

강의 마무리에는 학습자가 배운 내용을 요약하고 실무에 활용할 수 있도록 돕는 데 집중합니다.

"내일부터 바로 적용할 수 있는 피드백 전략을 한 문장으로 정리해볼까요?"

"오늘 강의에서 가장 기억에 남는 개념은 무엇인가요?"

"이 개념을 어떻게 실무에 적용할지 30초 안에 적어보세요."

강의의 마무리는 학습된 정보를 머리에 남기고, 손발이 움직이게 하는 설계입니다.

🖍️ '학습자의 경험을 이야기로 전환하는 방법

'내 경험 속 이야기' – 학습자의 경험 공유 유도

"최근 받은 피드백 중 가장 인상 깊었던 것은 무엇인가요?"

"가장 효과적이었던 피드백 사례를 공유해보세요."

학습자가 자신의 경험을 정리하고 공유하게 하면 몰입도가 높아집니다.

그룹 스토리텔링 – 팀으로 이야기 구조 구성

팀을 구성해 특정 주제를 이야기 형식으로 정리하고 발표하도록 합니다.

"각 팀은 '잘못된 피드백이 조직에 미친 영향'과 '올바른 피드백이 조직을 변화시킨 사례'를 이야기 형식으로 구성해 보세요."

이 과정은 개념을 실제로 적용하고 소화하는 데 도움이 됩니다.

시뮬레이션 & 역할극 – 체험 중심 실습 설계

실무 상황을 연출하고 해결책을 찾는 활동은 학습 효과를 극대화합니다.

"각 조는 한 명의 직원, 한 명의 상사 역할을 선정하여, 실무 피드백 상황을 연기해 보세요."

"실제 상황이라면 여러분은 어떻게 말했을까요?"

스토리텔링은 감정 몰입을, 스토리두잉은 실천 몰입을 이끕니다. 둘이 결합될 때 강의는 지식을 전달하는 수준을 넘어, 경험을 설계하고 행동을 촉발하는 도구가 됩니다.

핵심 정리

- ✓ 핵심 개념은 원칙 → 예시 → 연습 → 회상의 구조로 전달해야 학습자가 몰입하고 실천하게 된다.
- ✓ 메릴의 내용 요소 제시 이론은 강의 흐름을 체계적으로 설계하는 데 유용한 이론으로, 학습 경험을 입체적으로 만든다.
- ✓ 강의의 도입-전개-정리는 질문, 사례, 실습 등으로 구성되어야 하며, 학습자가 자신과 연결해 받아들이도록 유도해야 한다.
- ✓ 스토리텔링과 스토리두잉은 개념과 실습 사이의 긴장을 완화하고, 학습자의 감정적, 실천적 몰입을 돕는다.
- ✓ 학습자의 경험 공유, 팀 활동, 역할극 등 다양한 참여 전략을 활용하면 학습 효과는 더욱 높아진다.

교육 효과, 측정할 수 있어야 한다
평가 도구와 피드백 전략

1) 커크패트릭의 4단계 평가 모델 – 교육의 가치는 평가에서 시작된다

좋은 교육은 학습자의 기억에 남고, 행동의 변화를 이끌며, 궁극적으로 조직의 성과 향상에 기여해야 합니다. 그렇다면 교육이 실제로 어떤 효과를 냈는지 어떻게 측정할 수 있을까요?

ADDIE 모델의 마지막 단계인 '평가(Evaluation)'는 단순히 '참석 여부'가 아닌, '얼마나 배웠는지', '어떻게 실천했는지', '성과에 어떤 영향을 미쳤는지'를 객관적으로 측정하는 과정입니다.

출석 체크나 형식적인 만족도 조사만으로는 교육의 효과를 제대로 판단할 수 없습니다. 체계적인 평가 없이는 교육이 일회성 이벤트에 그치게 되고, 조직의 중요한 투자임을 입증하기도 어렵습니다. 교육의 진정한 가치를 설명하려면 효과를 증명할 수 있는 평가 모델이 필요합니다.

> 평가는 교육의 끝이 아니라,
> 더 나은 교육을 위한 출발점입니다.

가장 널리 활용되는 교육 효과 측정 도구는 '커크패트릭Kirkpatrick의 4단계 평가 모델(4 Levels of Training Evaluation)'입니다. 이 모델은 학습자의 반응부터 조직 성과까지 1단계로 교육의 효과를 분석합니다.

1단계 : 반응(Reaction) – 학습자의 만족도 평가

좋은 교육은 학습자의 적극적인 참여로부터 시작됩니다. 교육 후 학습자의 반응을 조사하면 강의 품질과 설계의 기본 방향을 점검할 수 있습니다. 주로 강사의 전달력 평가와 교육 만족도 설문조사를 통해 측정하며, 예를 들어 "이 과정을 동료에게 추천하겠는가?", "어떤 부분이 가장 유익했는가?"와 같은 문항을 구성합니다.

강의의 질은 학습자의 반응에서 시작됩니다. 다만, 만족도 조사만으로 교육의 효과를 판단하는 데는 한계가 있습니다. 교육이 '재미있었다'라고 해서 반드시 '효과적이었다'라고 볼 수는 없습니다. 다음 단계로 이어지는 이유입니다.

2단계 : 학습(Learning) - 실제 학습 성과 확인

이 단계에서는 학습자가 교육을 통해 새로운 지식, 기술, 태도를 습득했는지 확인합니다. 대표적인 방법은 사전·사후 테스트이며, 가능하다면 그룹 과제, 발표 평가 등을 통해 실제 이해 수준과 적용 능력을 파악할 수 있습니다. 하지만 현실에서는 '시험'에 대한 거부감 때문에 평가를 생략하거나 만족도 조사로 대체하는 경우가 많습니다.

그러나 학습한 내용을 검증하지 않으면, 그것은 '배운 것'이라 할 수 없습니다. 교육이 효과적이었다면, 학습자는 이전과 달라져야 합니다.

3단계 : 행동(Behavior) – 실무에서의 적용 여부 평가

교육 이후, 학습자가 현업에서 실제로 배운 내용을 활용했는지를 평가합니다. 이 단계는 교육 효과가 실질적인 변화로 연결되었는지를 판단하는 핵심입니다. 이상적으로는 상사와 동료의 피드백을 반영하는 것이 좋지만, 현실에서는 주관적인 평가로 흐를 위험이 있습니다. 대안으로는 미스터리 쇼퍼, 행동 관찰, 실행 사례 제출 등이 활용됩니다. 평가와 함께, 조직이 배운 내용을 실천하도록 독려하고 그 과정을 모니터링하는 체계도 중요합니다. 기억된 지식은 행동으로 옮겨질 때 비로소 변화됩니다.

4단계 : 결과(Results) – 조직 성과에 미친 영향 측정

마지막 단계는 교육이 조직의 실질적 성과에 어떤 영향을 주었는지를 측정하는 것입니다.

예를 들어 고객 만족도 개선, 매출 증가, 업무 생산성 향상 등 정량적 지표를 통해 교육의 가치를 입증할 수 있습니다. 이를 위해서는 교육 설계 단계에서부터 평가 항목과 측정 방법을 함께 기획해야 하며, 교육 전후의 데이터를 비교할 수 있는 체계가 필요

커크패트릭의 4단계 평가 모델

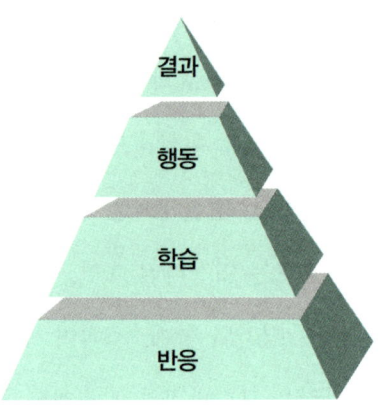

> "1단계와 2단계는 비교적 쉽다.
> 3단계 즉 행동이 가장 어렵다.
> 3단계 넘으면 4단계는 따라온다."
>
> "얻고 싶은 걸 먼저 물어봐라.
> 4단계 모형을 거꾸로 해 보면
> 프로그램 실패율이 뚝 떨어진다."
> – Don Kirkpatrick

합니다. 최근에는 AI 기반 HR 분석 도구를 활용해 성과를 정밀하게 측정하는 시도도 증가하고 있습니다.

교육 평가는 설계 단계부터 얼마나 준비가 되었는지에 따라 결과 보고도 달라집니다.

"교육생의 만족도는 5점 만점에 4.9점이었습니다."

"총 98%가 70점 이상을 달성했으며, 4인 1조로 구성된 코치팀과 3주간 프로젝트를 수행했습니다."

"교육 후 미스터리 쇼퍼 조사에서 95%의 긍정 피드백을 받았고, 5%에 대해서는 추가 교육을 진행했습니다."

"6개월간 고객만족도가 꾸준히 상승했으며, 신제품 매출은 출시 이전 대비 13% 증가했습니다."

교육의 궁극적인 목표는 조직의 성장입니다.

2) 필립스의 5단계 평가 모델 – 교육의 경제적 가치를 측정하라

커크패트릭의 4단계 평가 모델이 학습자의 반응, 지식 습득, 행동 변화, 조직 성과까지를 분석하는 체계적인 접근이었다면, '필립스의 5단계 평가 모델(Phillips ROI Methodology)'은 여기에 더해 교육이 재무적으로도 가치를 창출했는지를 평가하는 데 초점을 맞춥니다.

조직에서 교육은 단지 '하면 좋은 일'이 아니라, 경쟁력을 높이고 생산성을 향상시키는 투자여야 합니다. 이를 입증하기 위해서는 ROI(Return on Investment, 투자 대비 효과) 분석이 필요합니다. 경영진과 리더가 교육의 효과를 신뢰하고 수치로 확인할 수 있어야만, 교육이라는 투자가 지속될 수 있습니다. 필립스 모델은 커크패트릭의 4단계를 포함하면서, 5단계인 ROI 분석을 통해 교육의 경제적 효과를 수치로 보여주는 평가 체계입니다.

필립스의 5단계 평가 모델 요약

- 1단계 : 반응(Reaction) – 학습자의 만족도 측정
- 2단계 : 학습(Learning) – 지식 및 기술 향상 분석
- 3단계 : 행동(Behavior) – 학습자의 행동 변화 확인
- 4단계 : 결과(Results) – 교육이 조직 성과에 미친 영향
- 5단계 : ROI(Return on Investment) – 교육의 경제적 효과 분석

좋은 교육이 조직을 성장시키는지 확인하는 가장 확실한 방법은 ROI를 측정하는 것입니다.

5단계 : ROI(Return on Investment) – 교육 투자 효과 분석

ROI는 교육에 들어간 비용 대비 실질적인 성과(이익)를 정량적으로 측정하는 지표입니다.

ROI 수치가 높을수록 교육이 조직에 실질적인 가치를 창출했음을 의미하고, 반대로 낮다면 교육 방식이나 전략의 개선이 필요하다는 신호가 됩니다.

- ROI 계산 공식

$$ROI\% = \frac{\text{Benefit of Training} - \text{Cost of Training}}{\text{Cost of Training}}$$

- 교육으로 인한 순수익 : 매출 증가, 생산성 향상, 이직률 감소, 비용 절감 등
- 교육 비용 : 기획, 운영, 강사료, 참가자 인건비 등 교육 전반에 소요된 비용 포함

예를 들어, 리더십 교육 시행 후, 직원 이직률이 20% 감소하고 팀 생산성이 15% 증가했다면, 이 수치를 바탕으로 ROI를 계산하

여 교육 효과를 재무적으로 증명할 수 있습니다.

▪ ROI 평가 방법
- 정량적 측정 : 매출, 생산성, 이직률 등 수치 지표를 활용한 효과 분석
- 정성적 평가 : 교육 후 직원 인터뷰, 실행 사례 등을 통한 질적 변화 파악
- 성과 추적 기간 설정 : 교육 종료 후 일정 기간(예 : 3개월, 6개월)의 변화 관찰 및 비교

교육 ROI 분석은 단순한 비용 대비 효과 측정을 넘어, 보다 다층적인 접근이 필요합니다. 이는 크게 세 가지 관점-재무적, 전략적, 사회적-으로 나눌 수 있습니다.

재무적 ROI는 매출 증가와 생산성 향상처럼 직접적인 수익 창출뿐 아니라, 이직률 감소로 인한 채용·교육 비용 절감, 품질 개선에 따른 반품 및 재작업 비용 감소 등 간접적인 비용 절감 효과까지 포함합니다. 또한, 컴플라이언스 교육을 통한 법적 리스크 회피, 안전 교육을 통한 사고 예방 등 리스크 관리 요소도 여기에 해당합니다.

전략적 ROI는 조직의 핵심 역량 강화, 변화 대응력 향상, 창의적 문제 해결, 아이디어 발산 워크숍과 같은 조직 혁신, 협업 문화와 학습 조직 전환 등 조직 문화를 개선하는 효과를 포함합니다.

사회적 ROI는 구성원의 업무 만족도와 몰입도 향상, 사회적 책임 이행, 브랜드 가치 제고는 물론, ESG 경영을 통한 사회적 파급효과와 지속가능경영 실현까지 포괄하는 개념입니다.

ROI 분석은 교육을 '비용'이 아닌, 조직 성장을 위한 '핵심 투자'임을 입증하는 강력한 도구입니다. 교육 평가 시스템이 없는 조직은 교육의 중요성을 말로는 강조하지만, 경영 환경이 어려워지면 가장 먼저 교육부터 줄이거나 폐지합니다. 그들에게 교육은 여전히 '비용'일 뿐입니다.

교육을 비용으로 볼지, 투자로 인식할지는 결국 평소 교육을 어떻게 기획하고, 어떻게 평가해 왔는지에 달려 있습니다. 체계적인 ROI 분석을 통해 교육의 가치가 입증되면, 경영진은 교육 투자에 확신을 갖게 됩니다. 이는 더 높은 수준의 교육 프로그램 개발로 이어지는 선순환 구조를 만들며, 개인과 조직이 변화하는 경영 환경 속에서 경쟁 우위를 확보하는 데 중요한 기반이 됩니다.

> 교육 평가는
> 숫자로 끝나는 것이 아니라,
> 교육을 진화시키는
> 시작점입니다.

Philips가 추가한 마지막 5단계

평가 수준		측정 요소	측정 시기
L1	Reaction (반응)	교육에 대한 학습자들의 반응	교육 종료 시
L2	Learning (학습)	새로운 지식, 기술, 또는 태도에 대한 학습자들의 습득 정도	교육 종료 시 (또는 6~8주 후)
L3	Behavior (행동)	학습자들이 현업에 돌아가서 학습한 내용을 적용하는 정도	2~12개월
L4	Results (결과)	목표로 설정했던 비즈니스 성과가 달성된 정도	9~18개월
L5	ROI	교육과정의 재정적 이익이 비용을 초과하는 정도	9~18개월

> **핵심 정리**
>
> ✓ 커크패트릭의 4단계 모델은 반응 → 학습 → 행동 → 결과의 흐름으로 교육 효과를 다면적으로 측정합니다.
>
> ✓ 필립스의 5단계 모델은 ROI 분석을 추가해 교육이 조직에 미치는 경제적 가치를 수치로 입증합니다.
>
> ✓ 교육 평가는 설계부터 준비되어야 하며, 단순한 만족도 조사에서 벗어나 실천과 성과 중심으로 이루어져야 합니다.
>
> ✓ 교육이 투자로 인식되기 위해선 정량적 지표와 정성적 변화 모두를 추적하는 체계적 평가가 필수입니다.

Chapter 4.
사내 교육의 완성은 현장에서 결정된다

운영과 성장의 기술

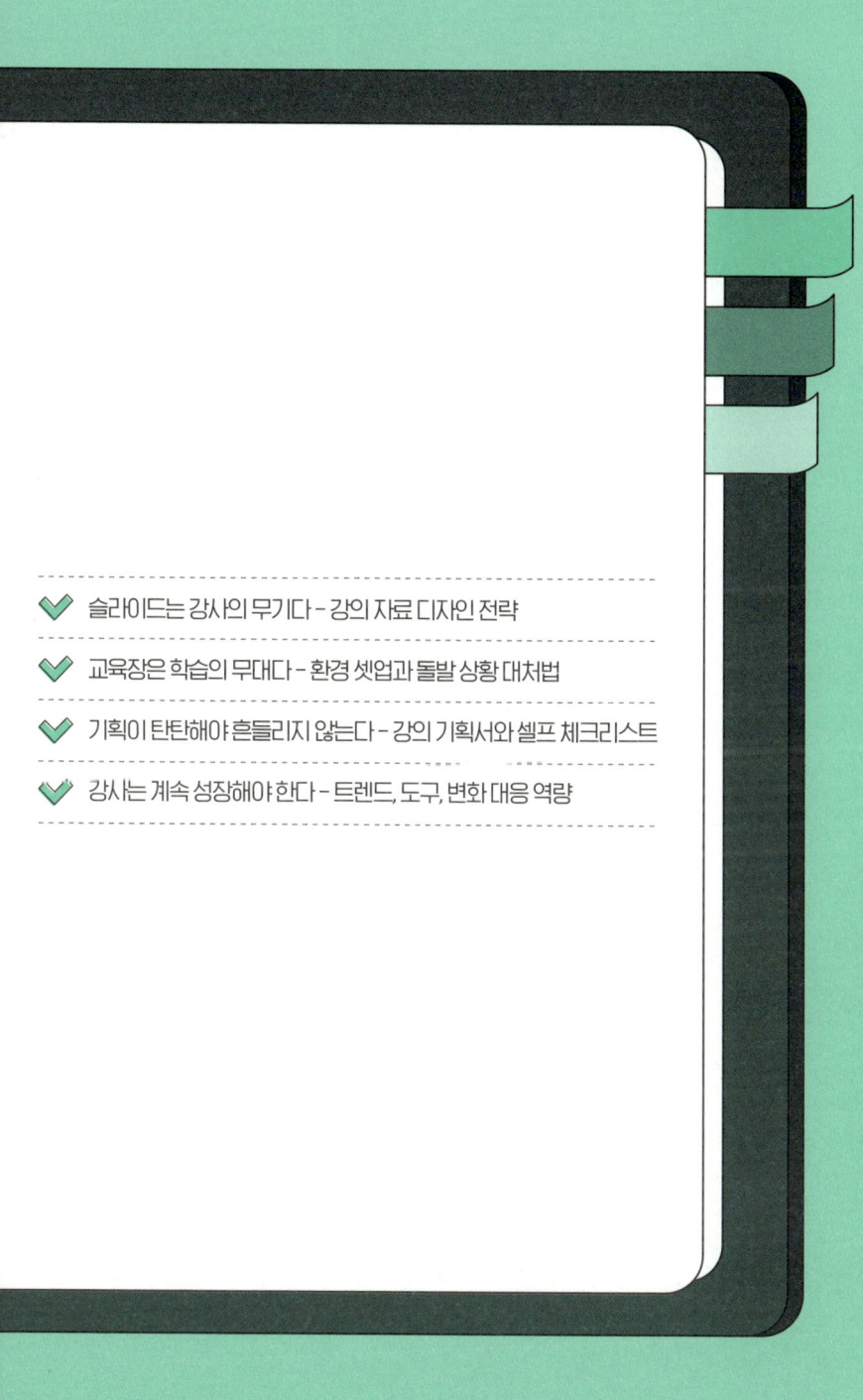

- 슬라이드는 강사의 무기다 – 강의 자료 디자인 전략
- 교육장은 학습의 무대다 – 환경 셋업과 돌발 상황 대처법
- 기획이 탄탄해야 흔들리지 않는다 – 강의 기획서와 셀프 체크리스트
- 강사는 계속 성장해야 한다 – 트렌드, 도구, 변화 대응 역량

슬라이드는 강사의 무기다
강의 자료 디자인 전략

1) 강의 자료는 단순한 보조 도구가 아니다

강의에서 PPT는 단순한 보조 도구가 아닙니다. PPT는 강사의 메시지를 시각적으로 표현하는 핵심 도구이며, 학습자의 이해를 돕는 역할을 합니다. 하지만 단 몇 장의 슬라이드로 장시간 교육을 진행하거나, 글꼴이 깨지고 오래된 사진을 제시한다면 학습자는 흥미를 잃고 강의에 집중하지 않을 것입니다.

그렇다면 좋은 강의 자료란 무엇일까요? 화려하고 멋진 디자인, 애니메이션을 말하는 것일까요? 좋은 강의 자료란 강사가 강의를 더욱 원활하게 진행할 수 있도록 준비된 자료입니다. 여기에 학습자의 이해를 돕고 관련된 정보들이 깔끔하게 정리되어 있다면 더할 나위 없습니다.

PPT는 강사의 강력한 무기입니다. 하지만 잘못 사용하면 강의 흐름을 방해하는 걸림돌이 됩니다.

자신만의 무기를 만들지 못한 강사를 종종 볼 수 있습니다. 최근에는 인공지능을 기반으로 한 다양한 제작 도구가 출시되면서 예전보다는 그런 경우가 줄어들었지만, 여전히 자신의 도구를 갈고 닦지 못한 채 강의를 준비하는 분들이 있습니다. 공통 교안이나 타인의 교안을 반복해서 복사해 쓰는 과정에서 마스터 슬라이드가 엉켜 있거나 전체 균형이 무너진 것을 의식하지 못한 채 "나의 말과 경험이 중요하지, 슬라이드는 그리 중요하지 않다"라고 변명하기도 합니다. 그러고는 관련 없는 슬라이드 한 장을 띄워놓고 수십 분을 강의합니다. 과연 이런 방식으로 교육생의 몰입과 변화를 이끌 수 있을까요?

PPT 스킬과 플랫폼을 모두 익혀 능숙하게 활용하는 일은 쉬운 일이 아닙니다. 물리적인 시간의 제한도 있고, 도구만으로는 완성도 높은 교육 과정을 만들 수 없습니다. 그러나 적절한 수준에서 도구를 정비하고, 강의 자료의 품질을 꾸준히 높여가려는 태도는 매우 중요합니다.

다음은 강사로서 PPT를 사용할 때 최소한으로 익히고 지켜야 할 기본적인 실무 스킬입니다.

빠른 실행 도구 모음 추가

생산적인 PPT 작업을 위해 반드시 설정해야 할 기능입니다. 빠른 실행 도구 모음을 설정하면 메뉴를 찾아다니지 않아도 자주 사용하는 기능을 바로 찾고 실행할 수 있습니다. Alt 키와 번호 키를 함께 누르면 자신만의 단축키처럼 활용할 수 있습니다.

◆ 파워포인트 Basic Rules

필수 옵션 설정

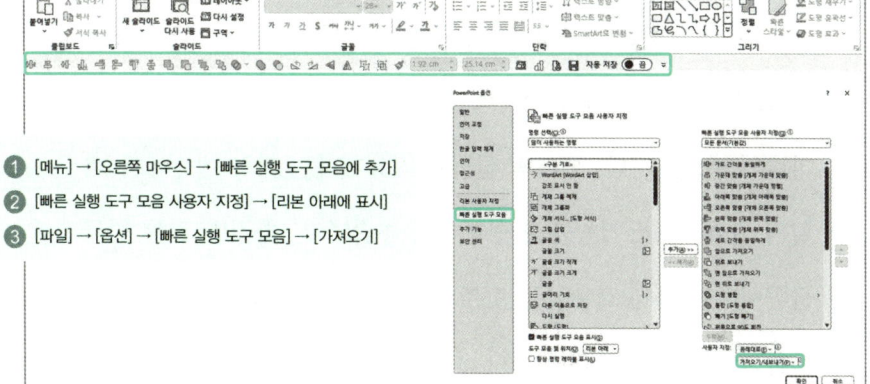

① [메뉴] → [오른쪽 마우스] → [빠른 실행 도구 모음에 추가]
② [빠른 실행 도구 모음 사용자 지정] → [리본 아래에 표시]
③ [파일] → [옵션] → [빠른 실행 도구 모음] → [가져오기]

주변에 빠른 실행 도구 설정이 잘 되어 있는 동료가 있다면, 그 설정을 내보내기하여 자신의 컴퓨터에 가져오는 방식으로 쉽게 시작할 수 있습니다. 이후 자신에게 맞는 방식으로 순서를 조정하거나 항목을 추가·삭제해 활용하면 됩니다.

✎ 실행 취소 횟수 설정, 글꼴 포함 저장, 자동 고침 기능 활용

PPT 작업 중 수정한 내용이 마음에 들지 않아 'Ctrl+Z'로 실행 취소를 반복하다가 더 이상 되돌릴 수 없는 상황을 경험한 적이 있다면, '실행 취소 최대 횟수'를 150으로 설정해 두는 것이 좋습니다.

또한, 자료를 다른 PC에서 발표할 때 글꼴이 깨지는 경우가 종종 발생합니다. 이를 방지하려면 보편적인 글꼴을 사용하는 것도 하나의 방법이지만, 별도의 글꼴을 적용했다면 저장 메뉴에서 '파일의 글꼴 포함' 기능을 활성화하면 좋습니다. 하지만 모든 한글 글꼴이 완벽하게 적용되는 것은 아닙니다. 가장 확실한 방법은 폰트를 함께 전달하는 것입니다.

◆ 파워포인트 Basic Rules

필수 옵션 설정

1 [파일] → [옵션] → [고급] → 실행 취소 최대 횟수 150

일반
언어 교정
저장
한글 입력 체계
언어
접근성
고급
리본 사용자 지정
빠른 실행 도구 모음

PowerPoint에서 사용하는 고급 옵션입니다.

편집 옵션

☑ 선택 시, 자동으로 단어 전체 선택(W)
☑ 텍스트 끌어서 놓기 허용(D)
☐ 스크린샷에 하이퍼링크를 자동으로 설정하지 않음(H)

실행 취소 최대 횟수(X): 150

잘라내기, 복사, 붙여넣기

☑ 잘라내기와 붙여넣기할 때 서식 자동 조정(S)

2 [파일] → [옵션] → [저장] → 파일의 글꼴 포함

일반
언어 교정
저장
한글 입력 체계
언어
접근성
고급
리본 사용자 지정
빠른 실행 도구 모음
추가 기능
보안 센터

☑ 자동 복구 정보 저장 간격(A): 10 분(M)
  ☑ 저장하지 않고 닫은 경우 마지막으로 자동 복구된 버전 유지(U)
자동 복구 파일 위치(R): C:\Users\user\AppData\Roaming\Micros
☐ 바로 가기 키로 파일을 열거나 저장할 때 Backstage 표시 안 함(S)
☑ 로그인이 필요하더라도 추가 저장 위치 표시(S)
☐ 기본적으로 컴퓨터에 저장(C)
기본 로컬 파일 위치(I): C:\Users\user\Documents\
기본 개인 서식 파일 위치(T):

문서 관리 서버 파일에 대한 오프라인 편집 옵션

체크 아웃된 파일을 더 이상 서버 임시 보관함에 저장할 수 없습니다. 체크 0
자세한 정보
서버 임시 보관함 위치(V): C:\Users\user\Documents\SharePoint 임시

이 프레젠테이션 공유 시 화질 보존(D): (수정) PPT 디자인

☑ 파일의 글꼴 포함(E) ⓘ
  ● 프레젠테이션에 사용되는 문자만 포함(파일 크기를 줄여줌)(O)
  ○ 모든 문자 포함(다른 사람이 편집할 경우 선택)(C)

❷ [파일] → [옵션] → [언어교정] → 입력&결과

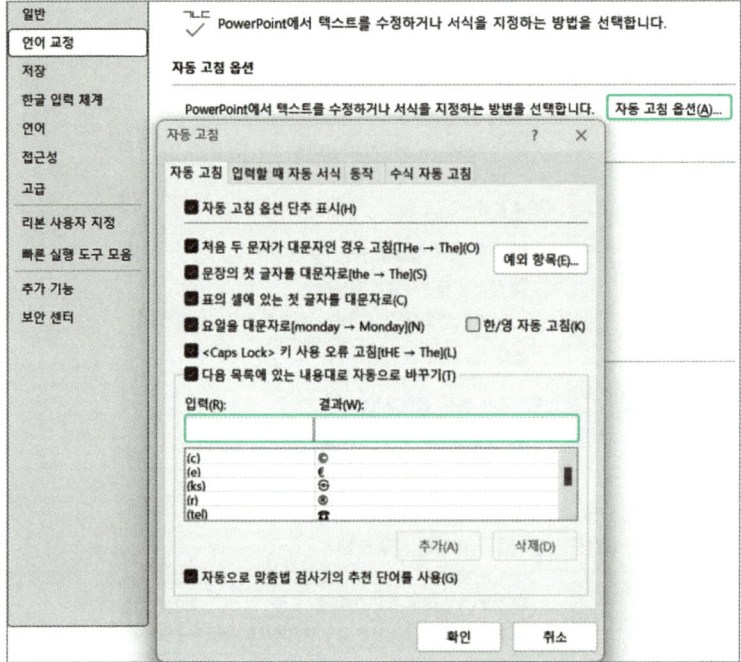

이 외에도 PPT에는 잘 알려지지 않았지만 매우 유용한 기능들이 숨어 있습니다. 예를 들어 언어 교정 설정에서 '자동 고침' 기능을 활용하면 특수기호 입력이 훨씬 간편해집니다. '…'을 가운뎃점(·)으로, '>>>'를 '▶'로 자동 변환하도록 설정해 두면 반복되는 입력 작업을 줄일 수 있습니다. 이 설정은 PPT뿐 아니라 워드, 엑셀에서도 동일하게 적용됩니다.

📝 암기해 두면 유용한 단축키

오피스 365에는 수많은 단축키가 있지만, 그중에서도 PPT에서 자주 사용하는 단축키 몇 가지만 익혀두면 작업 효율이 크게 올라갑니다.

- F4 : 이전 명령 재실행
- F5 : 첫 슬라이드부터 슬라이드 쇼 실행
- Shift + F5 : 현재 슬라이드부터 슬라이드 쇼 실행
- Ctrl + D : 개체 또는 슬라이드 복제
- Ctrl + T : 글꼴 서식 열기
- Ctrl + Shift + C / V : 서식 복사 / 붙여넣기
- Ctrl + G / Ctrl + Shift + G : 그룹화 / 그룹 해제
- Alt + F9 : 안내선 만들기
- F12 : 다른 이름으로 저장 (버전 관리용)
- Ctrl + Shift + 마우스 좌클릭 : 정렬 복사
- Ctrl + [/] : 글자 크기 조절

이 단축키들은 PPT 작업의 생산성을 높이는 데 즉시 도움이 됩

니다. 자주 사용하는 몇 가지만 손에 익혀도 강의 자료를 더 빠르고 안정감 있게 구성할 수 있습니다.

2) 강의용 PPT 디자인의 여섯 가지 체크리스트

강의용 PPT에는 반드시 지켜야 할 기본적인 디자인 규칙이 있습니다. 강의 내용을 효과적으로 전달하려면 디자인이 방해되어서는 안 되며, 슬라이드 하나하나가 메시지를 뒷받침할 수 있어야 합니다. 다음은 실무에서 바로 적용할 수 있는 PPT 디자인 체크리스트입니다.

✎ 레이아웃 – 감각보다 안정감이 우선이다

감각적인 배치보다 중요한 것은 시각적 안정감입니다. 너무 많은 내용을 한 슬라이드에 담으면 답답한 인상을 줄 수 있으므로, 여백을 적극적으로 활용해 편안한 레이아웃을 구성해야 합니다.

① 레이아웃

스토리를 정리하는 시간

하나의 슬라이드에 하나의 아이디어.
너무 많은 것을 담지 말고, 애매하면 일단 숨기기

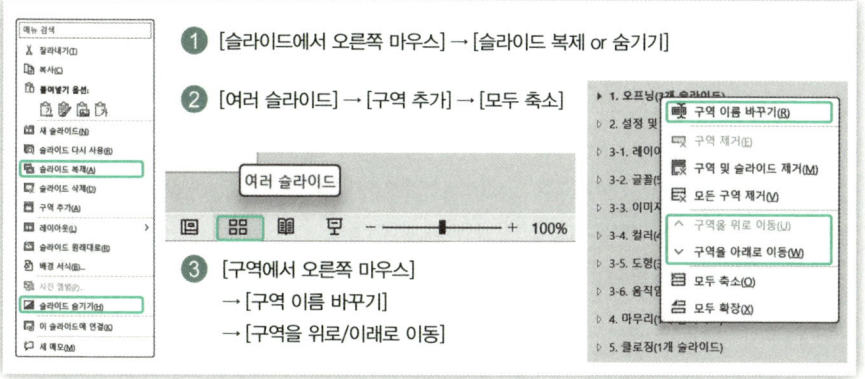

하나의 슬라이드에는 하나의 아이디어만 담는 것이 원칙입니다. 여러 아이디어가 들어가 있다면 슬라이드를 복제하여 나누고, 흐름을 방해하는 슬라이드는 과감하게 숨기는 것이 좋습니다. 전체 슬라이드를 살펴보며 구역을 나눈 후, '여러 슬라이드 보기' 기능을 통해 전체 스토리 라인을 점검합니다.

① 레이아웃

흔들림 없는 통일감

반복, 통일감을 보여줄 수 있는 최고의 방법.
눈금선과 안내선을 참고하여 오와 열 확인

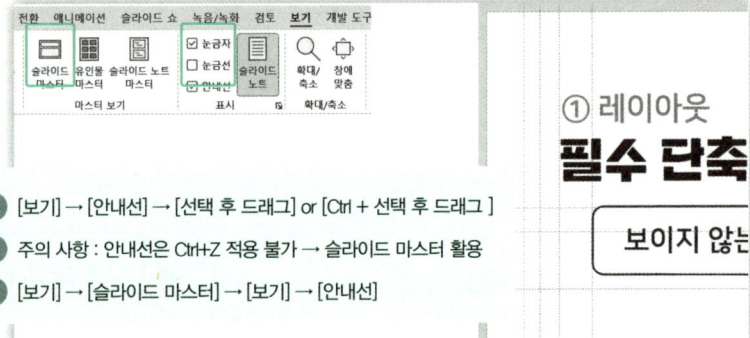

1. [보기] → [안내선] → [선택 후 드래그] or [Ctrl + 선택 후 드래그]
2. 주의 사항 : 안내선은 Ctrl+Z 적용 불가 → 슬라이드 마스터 활용
3. [보기] → [슬라이드 마스터] → [보기] → [안내선]

여백 정렬을 위해 안내선을 사용하는 것도 효과적입니다. 현재 슬라이드에서 직접 안내선을 추가할 수도 있지만, 슬라이드 마스터에서 선이나 박스를 활용해 그리드를 구성하면 더 체계적으로 정렬 기준을 설정할 수 있습니다. 참고로 안내선은 'Ctrl+Z' 실행 취소가 적용되지 않기 때문에 주의가 필요하며 마스터 슬라이드에서 안내선을 만들어 사용하면 이러한 불편을 해소할 수 있습니다.

✏️ 글꼴 – 다양함보다 일관성이 중요하다

여러 가지 글꼴을 혼합해 사용하는 것보다는, 1~2개의 글꼴을 정해서 전체 슬라이드에 일관되게 사용하는 것이 좋습니다. 눈누 noonnu.cc 같은 사이트에서 다양한 무료 글꼴을 다운로드할 수 있으며, 가급적 굵기 종류가 다양한 고딕 스타일의 글꼴을 사용하는 것이 안정적입니다. 예를 들어 '나눔스퀘어', '프리텐다드'는 강의용 자료에 자주 활용되는 글꼴입니다.

② 글꼴

통일감을 주는 폰트 사용

제목과 본문 폰트 선택(다양한 굵기 제공) 후
디자인 메뉴에서 주요 폰트 설정

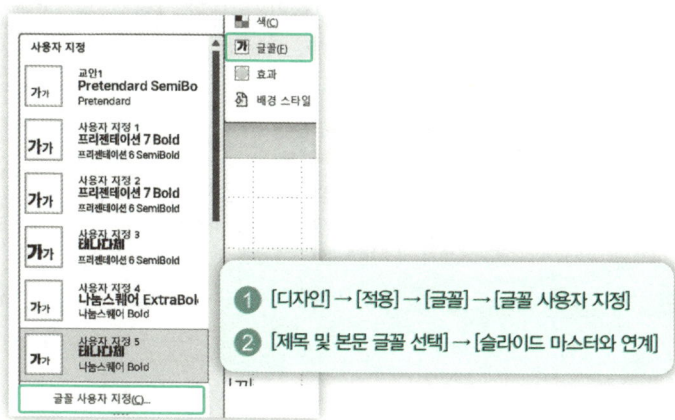

① [디자인] → [적용] → [글꼴] → [글꼴 사용자 지정]
② [제목 및 본문 글꼴 선택] → [슬라이드 마스터와 연계]

글꼴을 정했다면, 디자인 탭에서 해당 글꼴을 슬라이드 기본 글꼴로 설정해 두는 것이 좋습니다. 이 작업을 하지 않으면 '맑은 고딕'으로 자동 적용되어 일일이 수동으로 바꿔야 하는 불편이 생깁니다.

폰트를 강조할 때는 굵기나 색상 변경 외에도 투명도를 활용해 강조의 강도를 조절할 수 있습니다. 필요 이상의 강조보다 힘을 빼는 방식이 오히려 가독성과 집중도를 높여줍니다.

② 글꼴

메시지를 강조하는 다양한 방법

글자 크기와 투명도를 활용한 강조

① [글 상자 선택] → [오른쪽 마우스 도형 서식] → [텍스트 옵션] → [텍스트 채우기] → [투명도 조절]

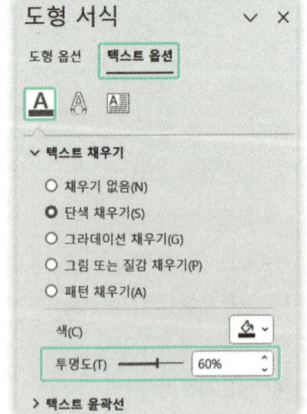

슬라이드 디자인은
보고서를 그대로 사용 또는 옮기는 것이 아닌
가독성을 위한 **새로운 고민**

🖊 이미지 – 현장 사진은 강력한 전달 도구이다

강의 내용과 직접 관련된 현장 사진은 매우 강력한 이미지 자료가 됩니다. 구글 검색보다는 Unsplash, Pexels, Freepik 등 저작권 문제가 없는 이미지 플랫폼을 이용하는 것이 바람직합니다. 화질이 낮은 이미지는 피하고, 크기 조절 시에는 가로세로 비율을 유지하고 Shift키를 활용해 왜곡되지 않도록 합니다.

③ 이미지

편집 기술을 익히면 선택이 달라진다

이미지를 배경으로 활용하는 방법 #1

① [그림 선택] → [Ctrl + D] → [복제된 그림의 우측 인물 부분을 자르기] → [남겨진 부분의 사진 늘리기]
② [그림 선택] → [배경제거] → [적당히 원하는 부분에 선 긋기] → [보관할 영역 or 제거할 영역] → [변경 내용 유지]

이미지를 선택할 때부터 '어떻게 활용할 것인가'를 염두에 두면, 훨씬 생산적으로 교안을 구성할 수 있습니다. 예를 들어 배경색을 없애야 할 경우, 투명 PNG를 활용하거나, 없앨 수 없다면 그라데이션 처리로 색감을 조정하는 등의 방법을 미리 고민해두는 것이 좋습니다.

③ 이미지

빠르게 배경을 만드는 방법

이미지를 배경으로 활용하는 방법 #2

① [슬라이드에서 오른쪽 마우스] → [배경서식] → [검은색 선택] → [그림선택] → [투명도 50% 이하 선택]

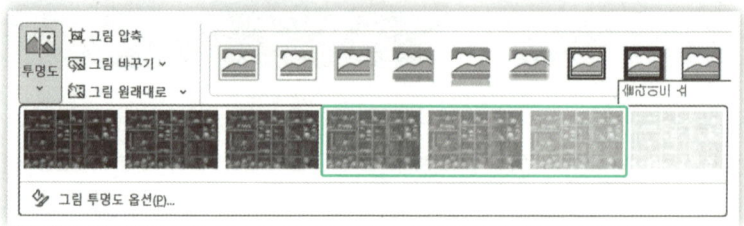

이미지 위에 메시지를 넣을 때는 배경을 어둡게 하고 그림의 투명도를 조절하면 하나의 슬라이드로 간단하게 메시지를 정리

③ 이미지

원하는 모양으로 편집하여 레이아웃 만들기

내가 원하는 부분만 잘라내는 이미지 수정

① [그림 선택] → [그림 서식] → [도형에 맞춰 자르기]
→ [가로세로 비율 1:1] → [원하는 위치로 조정]

② [그림 선택] → [원하는 만큼 Ctrl + D] → [도형 정렬]
→ [붙여 넣을 그림 선택 후 Ctrl + C] → [복사된 그림 선택]
→ [그림 바꾸기] → [클립보드에서]

할 수 있습니다. 또한 도형에 맞춰 이미지를 자르고, 정렬 기능으로 나열하면 세 가지, 다섯 가지로 되어 있는 구성 요소나 프로세스를 설명하는 슬라이드 자료가 쉽게 완성됩니다.

컬러 – 색상은 미리 정하고 일관되게 사용한다

강의 자료를 만들기 전, 주제에 어울리는 색상 2~3개를 미리 선택해두는 것이 좋습니다. 선택한 색상은 슬라이드 마스터의 외곽에 배치해 스포이트로 쉽게 불러올 수 있도록 하면 효율적입니다. 색상이 일관되게 사용되면 자료의 전문성과 안정감이 높아집니다.

색상 조합에 자신이 없다면 Color Hunt, Color Space 같은 웹사이트에서 디자이너가 제작한 컬러 팔레트를 참고하면 됩니다. 이미 검증된 조합을 가져다 쓰는 것만으로도 충분히 세련된 슬라이드를 만들 수 있습니다.

④ 컬러

통일성을 위한 슬라이드 마스터 활용

시작하기 전에 슬라이드 마스터 상단에 주요 컬러 팔레트 삽입

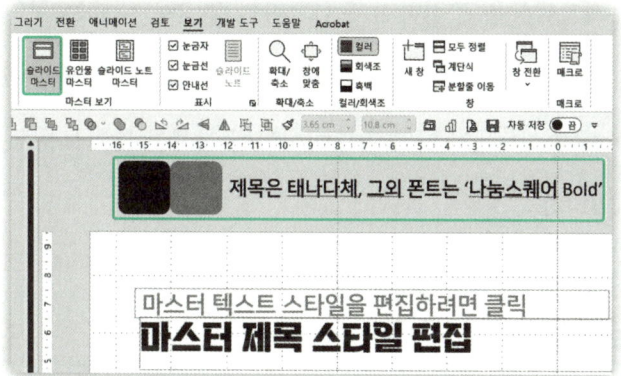

❶ [보기] → [슬라이드 마스터] → [마스터 장표 상단에 팔레트 추가] → [스포이트를 활용하여 도형/글꼴에 적용]
❷ [슬라이드 마스터] → [레이아웃 삽입] → [개체 틀 삽입] → [폰트 종류, 크기, 색상 등 결정]

✏️ 도형 – 기본 도형으로도 충분하다

복잡한 도형보다는 기본 도형을 활용하는 것이 오히려 명확한 전달에 도움이 됩니다. 사각형, 원, 선 등을 활용해 크기, 길이, 두께, 색상을 조절하며 도식화하는 연습을 해보는 것이 좋습니다. 변화, 흐름, 과정, 비교, 증감 등을 시각화할 때는 핀터레스트pinterest.co.kr에서 다양한 다이어그램 사례를 찾아보는 것도 도움이 됩니다.

⑤ 도형

세상의 모든 도형을 표현하는 만능키

도형병합, 다섯 가지 기능으로 원하는 모양과 이미지 편집

도형 병합 기능은 이미지 편집은 물론 새로운 형태의 도형이나 레이아웃을 만들 때 유용합니다. 이미지 위에 도형을 올린 후, 도형을 선택하고 병합 명령어 중 하나에 마우스를 올려보면 어떤 변화가 생기는지 바로 확인할 수 있습니다.

🖊️ 움직임 – 애니메이션과 영상으로 시선을 유도한다

하나의 슬라이드에 하나의 아이디어만 담는 것이 원칙이지만, 직무 교육처럼 많은 내용을 담아야 하는 경우에는 애니메이션과 전환 효과를 활용하는 것이 좋습니다. 특히 '모핑' 기능은 과거 프레지와 유사한 전환 효과를 줄 수 있으며, 3D 모델을 사용하면 역동적인 슬라이드를 구성할 수 있습니다.

교육생의 시선을 끌고 유지하기 위해 영상 자료를 삽입하는 것도 효과적입니다. 기본적인 영상 촬영과 편집 기능은 PPT 내에 내장되어 있어 별도의 프로그램 없이도 가능합니다. 슬라이드에 동영상을 삽입하고 클릭하면 상단에 '비디오 형식'과 '재생' 메뉴가 활성화됩니다. 비디오 형식에서는 섬네일을 설정할 수 있고, 재생 메뉴에서는 트리밍 기능을 활용해 불필요한 구간을 제거할 수 있습니다.

⑥ 움직임

과유불급, 내용의 양과 효과의 경계

흥미와 집중도를 높이기 위한 기본, 애니메이션의 활용

① 나타내기, 밝기 변화, 닦아내기 → 효과 옵션 활용

② 애니메이션 창 → 복잡하지 않게 기본 기능만 활용

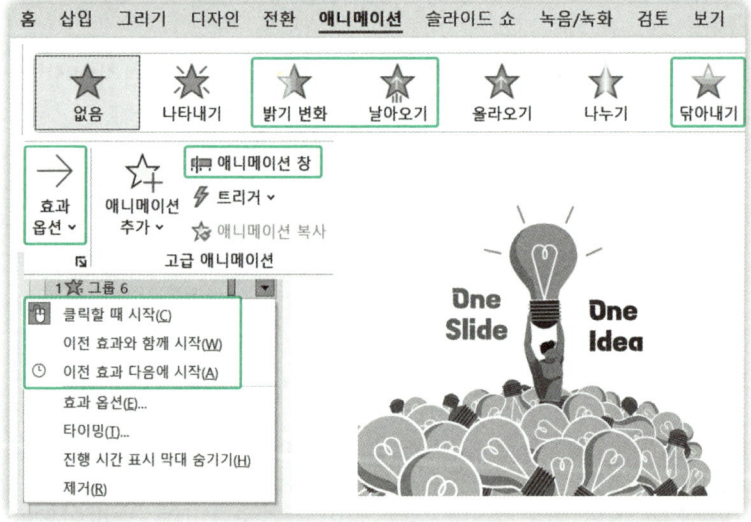

다만 동영상은 과도하게 사용하지 않도록 주의해야 합니다. 자신만 가지고 있는 현장 자료나 웃긴 영상이 있으면, 보여주고 싶은 욕심이 생깁니다. 예전에는 영상이 3분을 넘지 않도록 1시간에 2개 정도가 적당하다고 배웠습니다. 요즘은 교육생들이 1분 미만의 쇼츠에 익숙하기 때문에 3분을 기다리지 못합니다. 1시간에 1분 미만 3개 정도가 적당합니다. 강의에서 전달하고자 하는 메시지와 영상의 어떤 부분이 연결되는지 고민이 필요합니다.

위의 여섯 가지 항목은 강의용 PPT를 구성할 때 반드시 고려해야 할 핵심 기준입니다. 슬라이드는 강사의 말보다 먼저 시선을 끌며, 학습자가 정보를 정리하고 이해하는 데 중요한 역할을 합니다. 보기 좋고 전달력 있는 슬라이드는 곧 강의의 몰입도를 높이는 시작점이 됩니다.

핵심 정리

✓ PPT는 강사의 메시지를 시각화하는 핵심 도구로 활용한다.

✓ 좋은 강의 자료는 화려함보다 전달력과 구성력을 우선한다.

✓ 빠른 실행 도구, 글꼴 포함 저장, 자동 고침, 단축키 등은 미리 설정해둔다.

✓ 슬라이드에는 하나의 메시지만 담고, 여백과 정렬로 안정감을 준다.

✓ 글꼴, 색상, 도형은 한두 가지로 통일해 일관성을 유지한다.

✓ 이미지는 현장감 있는 자료를 사용하고, 저작권이 안전한 플랫폼을 활용한다.

✓ 애니메이션과 영상은 필요한 만큼만 사용해 시선을 유도한다.

✓ 강의용 PPT는 강사의 설계력과 태도를 함께 보여주는 결과물로 만든다.

교육장은 학습의 무대다
환경 셋업과 돌발 상황 대처법

1) 복장과 운영 지원 – 교육의 첫인상과 매끄러운 진행

🖊️ **첫인상이 만드는 교육 분위기**

강사와 교육 운영자의 첫인상은 교육 분위기를 결정짓는 중요한 요소입니다. 특히 복장은 태도를 보여주는 신호가 되며, 학습자의 몰입에 영향을 미칩니다. 예를 들어 비즈니스 매너 교육을 맡은 강사나 운영 담당자가 찢어진 청바지를 입고 나타난다면 교육의 신뢰도는 크게 떨어질 수밖에 없습니다. 운영자가 학습자의 입실을 무심하게 대하거나 인사를 건네지 않는다면, 교육 몰입은 시작부터 어렵습니다. 교육생의 몰입은 강사만의 몫이 아닙니다.

반대로 운영자가 따뜻한 인사와 함께 다과를 안내하고, 일찍 도착한 강사와 오늘의 주제에 대해 담소를 나누는 분위기를 만든다면 학습자도 자연스럽게 교육에 참여할 준비를 하게 됩니다.

◆ 인간 관계의 법칙

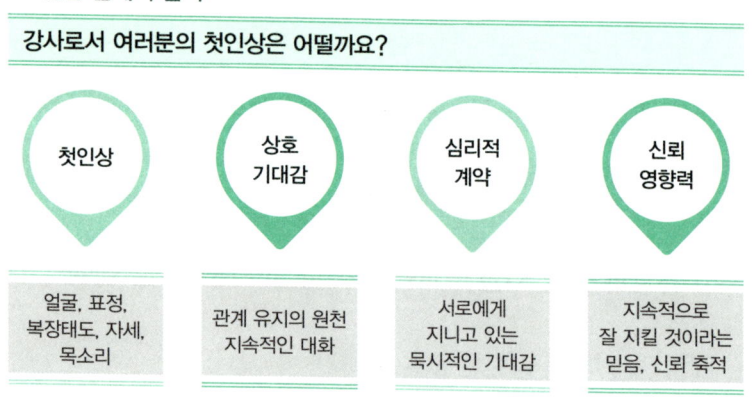

강사의 복장은 학습자에게 신뢰를 주는 중요한 요소입니다. 교육의 성격과 청중의 기대 수준에 맞춰야 하며, '스티브 잡스도 청바지를 입었다'라는 식의 자기 해석에 기대서는 안 됩니다. 공공기관이나 지자체 교육에서는 단정하고 격식 있는 옷차림이 적합하며, 기업 교육의 경우에는 기업 문화와 교육 주제에 따라 복장을 조율할 수 있습니다. 지나치게 화려한 색상과 패턴은 학습자의

집중을 방해할 수 있으므로, 무채색이나 네이비처럼 차분한 색상을 선택하는 것이 좋습니다.

운영자의 복장도 중요합니다. 운영자는 강의 흐름을 돕는 조력자로서, 실용적이면서도 정중한 인상을 주는 복장을 갖추어야 합니다. 강사보다 눈에 띄는 옷차림은 피하고, 교육장의 분위기와 어울리는 단정한 컬러를 선택합니다. 교육 운영 과정에서 움직임이 많기 때문에 활동성이 좋고 실용적인 복장이 필요하며, 액세서리도 학습자의 시선을 분산시키지 않도록 최소한으로 착용합니다.

전체 일정과 동선을 고려한 신발 선택도 중요합니다. 하루 종일 서 있거나 이동이 잦은 일정에서는 굽이 높거나 불편한 신발은 오히려 교육 운영의 장애물이 됩니다.

원활한 교육 진행을 위한 운영자의 역할

좋은 운영자를 만나는 것은 강사에게 큰 힘이 됩니다. 교육 과정을 자연스럽게 이끌고 빈틈없이 체크하는 운영자와 함께라면, 낯선 장소에서 처음 만나는 학습자 앞에서도 강사는 안정감을 느낄 수 있습니다.

운영자의 역량은 강의 요청 단계에서부터 드러납니다. 간혹 강사를 단순한 공급자로 대하고, "당신 아니어도 강사는 많다"라는 식의 태도로, 일방적으로 요구하고 통보하는 경우도 있습니다. 전문성을 갖춘 강사일수록 이러한 태도에 민감하게 반응하며, 실제로 많은 강사들이 이런 경험을 공유하기도 합니다.

물론 강사는 어떤 상황에서도 교육생을 위한 준비를 충실히 해야 하지만, 강사와 운영자의 관계가 조화를 이루면 더욱 좋은 교육이 만들어집니다. 이것이 바로 교육의 품질이 시작되는 출발점입니다.

운영자는 강의가 원활하게 진행될 수 있도록 교육장을 사전에 점검해야 합니다. 전날 미리 현장을 확인할 수 있다면 가장 좋지만, 일정상 어렵다면 최소한 교육 시작 1시간 전에는 도착해 강사와 학습자를 맞이할 준비를 해야 합니다.

프로젝터, 마이크, 조명, 좌석 배치, 인터넷 연결 상태 등 강의에 필요한 환경을 미리 점검하고, 강사와 필요한 도구나 지원 사항에 대해 사전 소통합니다.

강의가 시작되었다고 해서 "이제 강사에게 맡기자"라는 태도로 자리를 비우는 것이 아니라, 강의가 기획대로 진행되고 있는지 계속 주의를 기울여야 합니다. 기술적 문제가 발생할 경우 즉시 대응하고, 교육생의 활동이나 강의 장면을 사진으로 잘 기록해두면 이후 결과보고서 작성에도 도움이 됩니다.

강의 끝에는 학습자 피드백 수집, 수료증 배부, 마무리 안내 사항 등을 준비하고, 교육 종료 후에는 피드백 내용과 강의 분위기를 정리해 강사와 공유합니다. 다음 교육을 위한 개선 사항을 확인하는 것도 교육 담당자의 중요한 역할입니다.

> 강사와 운영자가 조화를 이룰 때,
> 교육의 질은 자연스럽게 높아집니다.

2) 교육장은 공간이 아니라 전략이다 – 환경 설계와 학습자 반응 관리

교육장 환경은 학습자의 몰입과 집중에 큰 영향을 줍니다. 조명, 소음, 공기 질, 온도 같은 사소해 보이는 요소 하나하나가 교육의 흐름을 좌우할 수 있습니다. 공간이 비좁고, 모든 학습자가 앞만 바라보는 학교식 배열로 장시간 앉아 있다면 집중력은 급격히 떨어집니다. 옆 강의실에서 음악 소리나 목소리가 계속 들린다면, 아무리 좋은 콘텐츠도 몰입을 끌어내기 어렵습니다.

아래는 원활한 교육 진행을 위한 필수 환경 점검 항목입니다.

소음과 마이크 – 방해 요소를 최소화한다

문이 잘 닫히는지, 방음이 되는지, 외부 행사와 소리가 겹치지 않는지 확인합니다. 온라인 강의에서는 참여자의 마이크를 미리 차단하고, 장비 품질을 사전에 점검해야 합니다. 최근에는 강의 대부분이 녹화되므로, 마이크를 켠 상태에서의 발언에도 주의가 필요합니다.

조명과 프로젝터 – 눈이 편안한 환경을 만든다

조명이 너무 밝으면 눈이 피로하고, 어두우면 집중력이 떨어집니다. 프로젝터 사용 시 조명 일부를 조절하거나 커튼을 활용해 화면의 가독성을 높이는 환경을 조성합니다.

🖊️ 온도와 환기 – 쾌적한 공기를 유지한다

21~24℃의 적정 온도를 유지하며, 강의 전후 환기를 통해 공기질을 관리합니다. 공기청정기, 냉난방기의 작동 여부와 중앙 제어 시 담당자 연락처 확인도 필수입니다.

🖊️ 시각적 요소 – 학습을 방해하지 않도록 정돈한다

불필요한 장식이나 광고물은 제거하고, 강의 주제와 관련된 자료(차트, 마인드맵 등)를 벽면에 배치하면 학습의 흐름을 도울 수 있습니다.

🖊️ 책상 배열 방식 – 강의 목적에 맞춰 설계한다

책상 배열 방식은 학습자의 집중도와 참여도를 결정합니다. 단순 전달형 강의는 학교식 책상 배열도 가능하지만, 실습과 토론이 병행되는 교육에는 4~6인 조의 T자형 배열이 적합합니다. 교육 목적과 참여자 성격에 맞춰 강사와 협의해 책상 배치를 조율합니다. 교육장은 단순히 책상과 의자가 있는 공간이 아니라, 학습자가 몰입할 수 있는 공간으로 설계해야 합니다.

이외에도 성별과 연령에 따른 조 구성, 명찰 제작, 간식 선택, 자료 비치, 배너 위치 등 다양한 세부 요소들이 학습 환경을 좌우합니다. 이 모든 요소는 운영자의 경험과 내공으로 정교하게 다듬어야 할 영역입니다.

3) 조직 교육의 어려움 – 소극적인 청중과 강의 방해자 관리 전략

공개 교육에서는 참여자가 일정 비용을 지불하고 자발적으로 참석하기 때문에 학습 동기가 높고 참여도가 활발합니다. 강사는 학습자의 집중과 반응에 힘입어 강의에 몰입하기 쉬우며, 전반적인 분위기도 긍정적으로 흐릅니다.

반면, 조직 내 교육은 대부분 무료로 제공되고, 참여 또한 자율적이지 않은 경우가 많습니다. 이런 환경에서는 일부 학습자가 "이 정도면 됐다"라며 강의를 빠져나가거나, 대중교통 사정 등을 핑계로 일찍 퇴장하는 일이 빈번하게 발생합니다.

사내 강사는 더욱 복잡한 상황에 직면합니다. '사외 강사는 비용이 들어서 안 부른 건가?', '동료니까 별 내용 없겠지?', '지루할 것 같다'라는 선입견을 가진 학습자도 종종 만납니다. 그러나 강사의 준비와 강의력에 따라 분위기는 얼마든지 달라질 수 있습니다. 조직 내부의 실질적인 사례를 교육 콘텐츠로 사용하거나, 동료애를 기반으로 한 동기 부여 등 사내 강사만이 가질 수 있는 장점을 적극 활용할 필요가 있습니다.

소극적인 청중을 변화시키는 방법

강의 중 학습자의 반응이 줄어들고 분위기가 무기력해질 때, 단순히 학습자의 성향 때문이라고 단정 지을 수는 없습니다. 관심이 낮은 주제, 몰입이 어려운 좌석 배치, 학습자 수준과 맞지 않는 난이도, 또는 일방적인 정보 전달식 강의 구조가 원인일 수 있습니다. 이럴 때는 질문을 통해 학습자와 대화하듯 강의를 이어가는 방식이 효과적입니다. 단, 즉흥적이거나 추상적인 질문보다는 예측할 수 있는 질문으로 접근해야 부담을 줄일 수 있습니다.

"이전에 비슷한 경험이 있었던 분 계신가요?"
"업무에 적용한다면 어떤 부분이 가능할까요?"

또한 강의 초반부터 적극적일 것으로 예상되는 학습자와 눈을 맞추고, 직접 질문을 던지는 것도 분위기를 여는 데 도움이 됩니다. 예를 들어,

"A님, 어떤 부분이 흥미로우셨나요?"
"이 주제에 대해 팀에서는 어떤 이야기가 나왔나요?"

이런 질문을 통해 관심이 크지 않았던 학습자도 의외의 활약을 보이는 경우가 있습니다.

팀별 발표와 자연스러운 친목 형성도 중요한 전략입니다. 팀 안에서 자유롭게 의견을 나누고 서로를 알게 되면, 학습 분위기는 점점 편안해지고 참여도도 높아집니다. 간단한 퀴즈나 발표를 곁들여 학습을 정리하면 학습자의 집중을 자연스럽게 끌어올릴 수 있습니다.

실제로 승진 점수 때문에 교육에 참여한 교육생이 많아서 집중도를 유지하기 어려운 상황이 있었습니다. 쉬는 시간에 '어떻게 이를 해결할 수 있을까?' 고민하다가 바로 옆 PC 교육장이 비어 있는 것을 발견하고 담당자님에게 사용할 수 있는지 확인했습니다. 사용이 가능한 것을 확인한 후, 그다음 시간에 이렇게 강의를 시

작했습니다. "이번 시간까지 배운 것을 다음 시간부터는 PC 교육장에서 실습해보려고 합니다. 이론적인 부분을 배울 수 있는 마지막 시간이니까 집중해 볼까요?"

소극적인 청중을 변화시키려면, 강제로 끌어내기보다 스스로 움직이게 만드는 '환경과 흐름'을 설계해야 합니다. 부담을 덜고, 참여할 수밖에 없는 상황을 자연스럽게 만드는 것. 그것이 진짜 몰입을 이끄는 강의자의 힘입니다.

빌런형 학습자에 대한 대응 전략

강의에는 소극적인 학습자 외에도 흐름을 방해하는, 이른바 '빌런형 학습자'가 등장하기도 합니다. 이들을 제압하려 하기보다는, 왜 그런 행동을 하는지 파악하고 흐름을 유지하는 방향으로 대응하는 것이 중요합니다.

다음은 상황별 실전 대응 전략입니다.

- **토론 독점형** : 자신의 의견을 길게 이야기하며 시간을 소요하는 유형
"좋은 의견 감사합니다. 다른 분들의 의견도 들어보면 좋겠습니다."

"다양한 관점을 나누기 위해 3분 이내로 말씀 부탁드립니다."

- **시비형 : 강사의 내용을 계속 반박하며 논쟁을 시도하는 유형**

"좋은 질문입니다. 오늘 주제와 관련된 이 부분에 먼저 집중해 보면 좋겠습니다."

"시간 관계상 이 내용은 강의 후 정리해서 공유해 드리겠습니다."

- **무관심형 : 휴대전화를 보거나 졸고 있는 학습자**

초반부터 가까이 다가가 눈을 마주치고 이름을 불러 질문을 건넵니다.

"B님, 이 내용에 대해 어떻게 생각하시나요?"

질문은 가볍고 부담 없이 대답할 수 있도록 조절합니다.

- **무례한 태도형 : 비웃거나 부정적인 반응을 보이며 분위기를 해치는 유형**

강의 시작 전, 그라운드 룰을 설정해 상호 존중의 분위기를 조성합니다.

무례한 행동이 지속된다면 개인적으로 요청합니다.

"좋은 교육이 될 수 있도록 도와주시면 감사하겠습니다."

- 질문 폭탄형 : 끊임없는 질문으로 흐름을 끊는 유형

"좋은 질문입니다. 이 내용은 Q&A 시간 또는 쉬는 시간에 다루겠습니다."

"오늘 주제에 집중하고, 추가 질문은 별도로 정리해 드리겠습니다."

강사는 돌발 상황에서도 강의 흐름을 유지하며 청중을 조율할 수 있어야 합니다.

핵심 정리

- ✓ 교육장 내 소음, 조명, 온도, 공기 질 등을 사전에 점검한다.
- ✓ 책상 배열은 강의 목표와 학습자 특성에 맞춰 설계한다.
- ✓ 복잡한 시각 요소나 산만한 장식은 학습을 방해하므로 제거한다.
- ✓ 사내 강사는 내부 사례와 동료의 신뢰 등을 강의 자산으로 활용할 수 있다.
- ✓ 소극적 학습자는 질문과 실습, 그룹 활동으로 부담 없이 참여를 유도한다.
- ✓ 빌런형 학습자는 제압하기보다 흐름 유지 중심으로 유연하게 대응한다.

 **기획이 탄탄해야 흔들리지 않는다**
강의 기획서와 셀프 체크리스트

1) 강의 기획서 작성법 – 준비의 깊이가 강의의 완성도를 결정한다

강사가 강의실에서 하는 모든 말과 행동은 준비 정도에 따라 달라집니다. 이는 곧 학습자의 몰입도와도 직결됩니다. 잘 만들어진 강의 기획서는 강의의 품질을 결정할 뿐만 아니라, 강사의 성장과 역량 향상을 위한 필수 도구입니다. 강의 기획서는 계획표가 아닌, 강의의 구조와 흐름을 설계하는 로드맵이자, 자신의 강의를 기록하고 개선해 나가는 '강의 일기'이기도 합니다.

> 강의의 품질은 준비 과정에서 결정됩니다.
> 강의 기획서는 강사의 나침반입니다.
> 방향이 선명할수록 길을 잃지 않습니다.

경험이 많은 강사일수록 준비 없이 강의하는 경우가 종종 있습니다. 하지만 아무리 숙련된 강사라 해도 기본 구조 없이 강의를 진행하면 메시지가 흩어지고, 전달력이 약해질 수 있습니다. 예를 들어 6시간 강의를 3시간으로 조정해야 할 때, 기존 내용을 압축하거나 재구성하지 않고 그대로 진행하다가 흐름이 끊기는 사례도 흔합니다.

반면, 강의 기획서를 바탕으로 흐름을 설계한 강사는 어떤 상황에서도 흔들림 없이 강의를 이어갈 수 있습니다. 강의 기획서는 강의의 목표, 대상, 진행 흐름, 전달 방식, 콘텐츠 구성, 준비물, 평가 방식까지 체계적으로 정리한 문서입니다. 이를 기반으로 하면 강의 방향이 명확해지고, 강사는 강의 중 즉흥적인 판단보다 학습자와의 상호작용에 더 집중할 수 있습니다.

기획서가 있으면 강의의 일관성이 유지되어, 여러 차례 교육을 반복하더라도 균일한 품질을 유지할 수 있습니다. 강사의 컨디션은 상황에 따라 달라질 수 있지만, 체계적으로 기획된 강의는 매

강의 기획서

점장 육성 프로그램 2.0 _ PDCA & 소통대화법 (과정커리큘럼)

Time	Contents	목적	세부사항
10:40-11:50 (80분)	PDCA와 프로그레스 미팅 이해 (20분)	매장 단위에서 PDCA로 일 하는 것에 도움을 줄 프로그 레스미팅의 이해	4. PDCA단계 별 활동 내용 요약 => 최종 목표는 ⁝ 1. PDCA를 지속적으로 진행할 수 있는 연결고리= 　PDCA를 매장에서 하는 활동, 프로그레스 미팅은 　(즉, 점장님들이 원했던 BP사례를 듣고 매장의 문 2. 기존 유통지사회의 vs 프로그레스미팅을 비교하 3. 미팅의 참가자들 (사장님, 점장, MM, 직책자) 관 ▶ 이러한 프로그레스 미팅이 작동하기 위해서 필፧ ▶ 첫번째, 매장을 중심으로 MM과 점장들의 미팅. ▶ 두번째, 매장 사장님과 직책자의 후원이 필요. ⁝ 4. 프로그레스미팅 단계 별 중점사항 설명 : 미팅 전 ▶ 미팅전에는 미팅에가서 할 말 정리, 미팅중에는 　돌아가서 직원들과 계획을 세우고 실천 ▶ 즉, 점장님들은 매장 활동 PDCA만 잘하면 됨.
	PDCA	PDCA를 활용한 활동 분석 (설명5분+깔때기10 분+양식10분+갤러 리워킹15분+발표10 분)	현재 하고 있는 매장 활동 리뷰 및 결과 분석	1. PDCA프로세스 중 활동결과분석 단계임을 안내 2. 매장에서 진행한 활동을 바탕으로 효과를 분석하 ▶ 디테일한 점검을 위해 ①활동내용(Do)과 ②그 ⁝ 3. 깔때기 이론 간단 설명 (이해돕기) 4. 조별 이야기를 통해 깔때기 단계 별 활동 사례 ፧ 5. 각 깔때기 단계 별로 각 점장이 한개씩 맡음 (조 ▶본인이 제시한 사례로 선택해야 함 (미숫가루 돌 6. 본인이 담당한 깔때기 단계 대해 구체적으로 양 7. 갤러리워킹 및 PDCA 흐름이 매끄럽고 사례가 ⁝ 8. 각 조에서 작성한 내용 중 스티커 많이 받은 조º

회 일정한 학습 경험을 제공합니다. 잘 설계된 흐름의 교육은 높은 교육 만족도와 연결됩니다. 특히, 매일 강의하는 풀타임 프리랜서 강사가 아니라면 강의 기획서 작성은 필수입니다.

또한, 강의 기획서는 교육이 끝난 뒤 평가의 기준이 됩니다. 사전에 계획이 있어야, 실제 강의가 계획대로 진행되었는지를 되돌아보고 개선점을 확인할 수 있습니다. 기획서 없이 피드백을 수

	준비물
...A를 잘 하게 해주는 조력자) ...고 생각하면 됨 ...주는 미팅이 프로그레스 미팅임) ...장 단위 성과관리를 위한 핵심 액션) 설명 ...항 공유 ...이 미팅과 관련하여 서로의 역할을 배우고 있음. ...워크숍 진행 중 ...후로 구분 ...하우 공유, 타 매장의 BP사례 듣기, 미팅 후에는 매장에	어떤 준비물이 필요할까요?
...로그레스미팅 진행 시 활용 됨 ...비 ...서 실습해 볼 것 ...대한 많이 간략하게 적어넣기 ..., 판매기회확보1, 판매성공률1, 단골고객확보1) ...면 1번 점장이 내방객 증대 담당)	# 사전과제(팝업수/판매일보) - 팝업수 추출데이터(활동일자를 기점으로 전 후 각 3일 분량 : 약 7일치의 분량) - 판매일보(팝업수 추출일과 동일한 날의 판매일보, 판매일/연령층/알프/안심플랜/미디어팩/슈퍼카드/유선/결합 사항 포함) ※ 활동 전 후에 큰 변화가 없거나, 더 안좋아져도 상관 없는 그대로의 데이터로 매장을 분석하는 것이 핵심 # 깔때기양식 / 활동세부양식 #갤러리워킹 시 활용할 스티커

집하고 반영하는 것은 쉽지 않으며, 이는 곧 강사 강의력의 정체로 이어집니다.

> 좋은 강의는
> 강의실에서 시작되지 않습니다.
> 강의 기획서에서 시작됩니다.

강의 기획서는 가네의 아홉 가지 수업사태나 ADDIE 모델 등 과정 설계 이론을 기반으로 구성하면 더 수월하게 작성할 수 있습니다. 과정 내 모듈과 교과목별 학습 목표를 명확히 정리한 뒤, 각 목표에 맞는 콘텐츠를 흐름에 맞게 배치합니다. 콘텐츠의 목적과 활용 방식을 기술하고, 교육생과 어떤 방식으로 소통할 것인지도 구체화합니다. 세부 콘텐츠별 소요 시간과 전달 방식, 강조할 메시지나 주의 사항을 명시해 두는 것도 중요합니다.

이 외에도 필요한 준비물을 목록으로 정리합니다. 실습 도구, 영상 자료, 이미지, 핸드아웃 등 강의 흐름을 구성하는 보조 자료는 모두 포함시켜야 합니다.

강의가 끝나면 기획서를 실행한 결과를 바탕으로 피드백을 정리합니다. 어색했던 흐름, 시간 배분의 문제, 예상보다 반응이 좋았던 활동 등은 다음 강의에 반영할 수 있도록 기록합니다. 특정 콘텐츠가 어떤 대상에게 효과가 있었는지, 혹은 효과가 떨어졌는지도 적어두면 강의의 유연성을 높일 수 있습니다.

예를 들어, 공공기관 교육에서는 반응이 좋았지만, 일반 기업 교육에서는 효과가 없었던 콘텐츠가 있다면, 그 이유와 개선 아이디어를 함께 메모합니다. 잘된 점과 아쉬웠던 점을 구체화하면서, 강의는 점점 더 단단해집니다.

학습 목표			
구분	주제(시간)	학습 내용(교수활동)	핵심포인트

2) 셀프 체크리스트 – 강의의 완성도를 높이는 자가 진단

강의는 강사나 교육 담당자의 시각이 아니라, 학습자의 관점에서 완성되어야 합니다. 강의 기획서가 탄탄하게 준비되었다면, 다음 단계는 실제 강의가 원활히 진행될 수 있도록 셀프 체크리스트를 점검하는 일입니다.

'이 정도면 충분하다'라고 생각하더라도, 강의 현장에서는 예기치 못한 변수가 자주 발생합니다. 예를 들어, 현장에서 갑작스럽게 강의 시간이 줄어들거나, 학습자의 반응이 예상과 다를 수 있습니다. 때로는 운영자의 실수로 마이크나 프로젝터 없이 강의를 진행해야 하는 경우도 있습니다.

> 사소한 실수 하나가 강의의 흐름을 무너뜨릴 수 있습니다.
> 사전 점검은 좋은 강의를 하는 강사의 히든 스킬입니다.

🖋 사전 체크리스트 : 강의 전 반드시 확인해야 할 항목

■ **강의 목표**
- 교육의 목적이 분명히 설정되어 있는가?
- 학습자가 어떤 내용을 습득해야 하는지 명확한가?
- 목표에 부합하는 콘텐츠와 흐름이 구성되었는가?

■ **강의 흐름**
- 도입, 전개, 정리가 논리적으로 구성되었는가?
- 학습자가 따라오기 어렵지 않은가?
- 불필요하게 긴 내용은 없는가?
- 시간 배분은 적절한가?(예 : 90분＝도입 15분／전개 60분／정리 15분)

■ **강의 자료**
- PPT 슬라이드는 시각적으로 명확하고 가독성이 높은가?
- 핵심 콘텐츠와 사례가 학습자와 잘 연결되어 있는가?
- 흐름에 맞춰 일관성 있게 구성되었는가?

■ **시간 관리**
- 핵심 포인트가 시간 안에 모두 전달 가능한가?

- 예상치 못한 질문이나 토론이 길어질 경우를 대비한 플랜 B가 있는가?
- 생략 가능한 내용과 반드시 전달해야 할 내용을 구분했는가?

■ 기술 및 환경 점검

- 강의실 조명, 음향, 좌석 배치는 적절한가?
- 마이크, 프로젝터, 화이트보드 등은 정상 작동하는가?
- 온라인 강의의 경우 플랫폼 안정성은 확보되었는가?

✎ 실전 체크리스트 – 강의 중 유의해야 할 요소

강의 중 실시간으로 모든 항목을 점검하기는 어렵습니다. 따라서 사전에 시뮬레이션하거나, 모의 강의 영상 촬영을 통해 미리 점검하는 것이 효과적입니다.

■ 학습자 반응

- 강의 초반부터 몰입이 이루어지고 있는가?
- 적절한 타이밍에 상호작용을 유도하고 있는가?
- 표정, 질문, 반응을 통해 이해도를 점검하고 있는가?
- 집중도가 떨어질 시점(20~30분 후)에 변화를 주고 있는가?

- **전달력과 의사소통**

    - 말의 속도와 발음은 적절한가?
    - 핵심 메시지를 강조할 때 목소리 톤 조절이 이루어지고 있는가?
    - 불필요한 언어 습관(예 : "어…", "음…")은 억제되고 있는가?
    - 시선은 특정 그룹에 치우치지 않고 고르게 분산되는가?
    - 학습자의 반응을 반영해 유연하게 내용을 조정하고 있는가?

- **참여 유도**

    - 학습자가 단순한 청중이 아니라 참여자로 작동하고 있는가?
    - 개방형 질문, 실습, 사례 분석 등의 요소가 적절히 배치되었는가?
    - 학습자 간 상호작용 기회를 제공하고 있는가? (그룹 토론, 짝 토론 등)

상당한 경력을 보유한 강사들도 위의 체크리스트를 확인하기 위해서 모의 강의를 요청하면 부담스러워합니다. 그만큼 어렵지만, 강의 실력을 빠르게 성장시킬 수 있는 좋은 방법의 하나입니다. 다음의 '강의 후 체크리스트'는 강의 시장에서 롱런하는 비법으로서 지속적으로 성장하는 강사의 밑거름이 됩니다.

📝 강의 후 체크리스트 – 다음 강의를 위한 성장 기록

▪ 목표 달성 여부

- 학습자가 교육 목표를 명확히 이해했는가?
- 핵심 개념을 기억하고 설명할 수 있는가?
- 학습자가 실무에 적용할 준비가 되었는가?

▪ 피드백 수집

- 학습자의 피드백을 받을 수 있는 절차가 준비되었는가?
- 강의 평가 설문 등을 통해 구체적인 의견을 수집했는가?
- 피드백을 통해 개선할 부분이 명확히 파악되었는가?

▪ 개선 및 보완점 분석

- 강의 중 부족하거나 예기치 못한 상황은 없었는가?
- 다음 강의에서는 어떤 내용을 보완해야 하는가?
- 새로운 사례, 학습자 반응 등을 반영해 콘텐츠를 업데이트할 수 있는가?

강의를 준비하고 돌아보는 과정은 강사의 성장을 결정짓는 핵심 요소입니다.

사전, 실전, 강의 후 체크리스트는 경험 많은 강사에게도 반드시 필요한 도구입니다.

> 강의는 준비한 만큼 완성되고,
> 되돌아본 만큼 성장합니다.

구분	평가 요소	행동 지표
① 강사 및 교안	전문 지식/기술	• 해당 분야에 대한 전문성을 충분히 보유하고 있다. • 직무 전문성을 바탕으로 주요 지식/기술을 알기 쉽게 설명되어 있다. • 최신 내용이 포함되어 있다.
	교안 구성력	• 교안이 오래된 느낌이 없고, 교육 대상과 내용에 맞춰 수정되어 있다. • 폰트, 이미지, 배색 등이 적절하고 애니메이션을 효과적으로 사용한다. • 강의 내용은 학습 목표에 맞으며, 논리적으로 구성되어 있다.
② 강의	강의 전달력	• 핵심을 논리적으로 설득력 있게 전달한다. • 학습자에게 열정을 불러일으키고 집중할 수 있도록 한다. • 성인 학습자의 특성을 이해하고 그에 맞추어 강의한다. • 적절한 예시/사례, 질문 등을 통해 교육생과 적극적으로 교류한다.
	강의 자세/화법	• 말하는 발음/속도/크기/음성 변화(중요 부분 강조)가 적절하다. • 안정감 있는 자세와 제스쳐를 취한다. • 영상, 핸드 아웃 등 교수 매체를 원활하게 활용한다.
	상황 대처력	• 주어진 질문에 대해 핵심을 파악하고 명쾌하게 답변한다. • 학습자와 아이컨택을 잘하고 질문에 자신감 있게 답변한다. • 시간 배분이 적절하고 규정 시간을 잘 지킨다.
③ 태도	역할/마인드	• 강사로서 열정과 의욕, 신뢰감을 느끼게 한다. • 강사로서 소명 의식과 조직 발전을 위한 로열티가 두드러진다.

핵심 정리

- ✓ 강의 기획서는 강의의 품질과 강사의 성장을 위한 핵심 도구다.

- ✓ 강의 목표, 대상, 흐름, 콘텐츠, 평가 방식 등을 체계적으로 정리해 강의의 일관성과 완성도를 높여야 한다.

- ✓ 강의 후에는 피드백을 기록해 개선점을 찾고 강의력을 향상시키는 용도로 활용한다.

- ✓ 강의의 완성도를 높이려면 사전, 실전, 강의 후 체크리스트를 활용한 자가진단이 필수다.

- ✓ 강의 후 체크리스트를 활용해 목표 달성 여부와 피드백을 분석한다.

- ✓ 다음 강의에 반영할 개선점을 구체적으로 기록함으로써 지속적인 성장을 도모한다.

강사는 계속 성장해야 한다
트렌드, 도구, 변화 대응 역량

1) ATD 콘퍼런스 – 글로벌 교육 트렌드를 읽는 법

ATD(Association for Talent Development)는 매년 미국에서 열리는 세계 최대 규모의 인재개발 전문 콘퍼런스입니다. 기업 교육, 인재 육성, 디지털 러닝, 성과 평가 등 다양한 분야의 최신 트렌드를 공유하고, 글로벌 사례를 통해 인사이트를 얻을 수 있는 자리입니다. 교육 담당자는 물론 강사라면 반드시 관심을 가져야 할 행사이며, 매년 어떤 내용이 발표되고 있는지 살펴봐야 합니다.

ATD Association for Talent Development

조직 개요
- ATD는 1944년에 설립된 세계 최대의 HR 분야의 민간 협회
- 전 세계 100여 개국 2만여 개 기관의 7만 명의 HR 전문가로 구성
- 정부, 기업에 교육 훈련의 필요성을 알리며 관련 노하우 제공

주요 기능
- 학습과 성과 분야 전문가들을 위한 자료 제공
- 국제 콘퍼런스 및 박람회 등 세계적인 지식 공유의 장을 마련
- HRD 분야의 표준 제시 및 우수 사례 발굴

다음은 ATD에서 주목받고 있는 최근 교육 트렌드입니다. 각 항목은 국내 교육 환경에도 적용 가능한 방향성을 제시합니다.

학습의 개인화 – AI와 데이터 기반 맞춤형 학습

모든 학습자가 같은 방식으로 배워야 할 이유는 없습니다. 최근에는 학습자의 수준, 선호도, 학습 패턴을 분석해 콘텐츠를 자동 추천하는 시스템이 확산되고 있습니다. LMS에 AI를 접목해 개별 학습 경로를 설계하는 방식이 대표적입니다. 생성형 AI의 활용과 대규모 언어 모델의 도입은 강사 중심 교육에서 학습자 주도 학습으로의 전환을 가속화하고 있습니다.

학습은 이벤트가 아닌 여정(Journey)

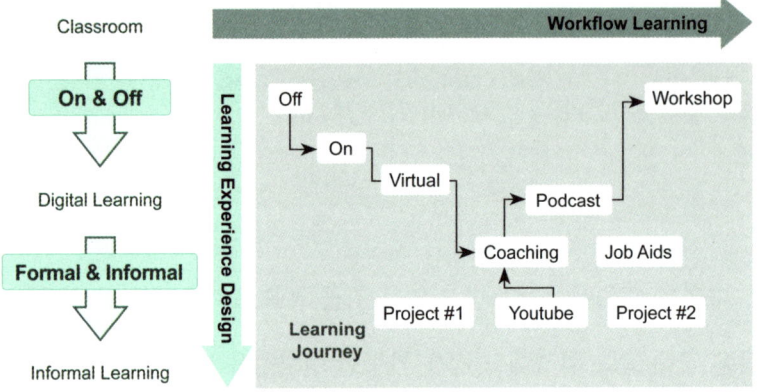

온디맨드 학습 – 필요한 순간에 짧게 학습하기

별도로 시간을 내기보다, 필요할 때 바로 학습하는 '온디맨드 On-Demand' 학습이 일상이 되고 있습니다. 마이크로러닝Microlearning 콘텐츠는 5~10분 단위로 짧고 핵심적인 내용을 제공합니다. 기업들은 모바일 앱, 인트라넷, AI 챗봇 등을 통해 학습자가 언제든지 원하는 콘텐츠에 접근할 수 있도록 환경을 갖추고 있습니다.

✏️ 워크플로 러닝 – 일하면서 배우는 70:20:10 모델

지금은 학습을 위해 업무를 멈추는 시대가 아닙니다. 일하는 과정에서 자연스럽게 배우는 '워크플로 러닝Workflow Learning'이 강조되고 있습니다.

전체 학습의 70%는 업무 수행 중, 20%는 동료, 멘토와의 상호작용에서, 10%는 공식 교육을 통해 이뤄진다는 70:20:10 모델이 대표적인 예입니다.

업무 맥락 속에서 실시간으로 학습하고 즉시 활용할 수 있어야 합니다.

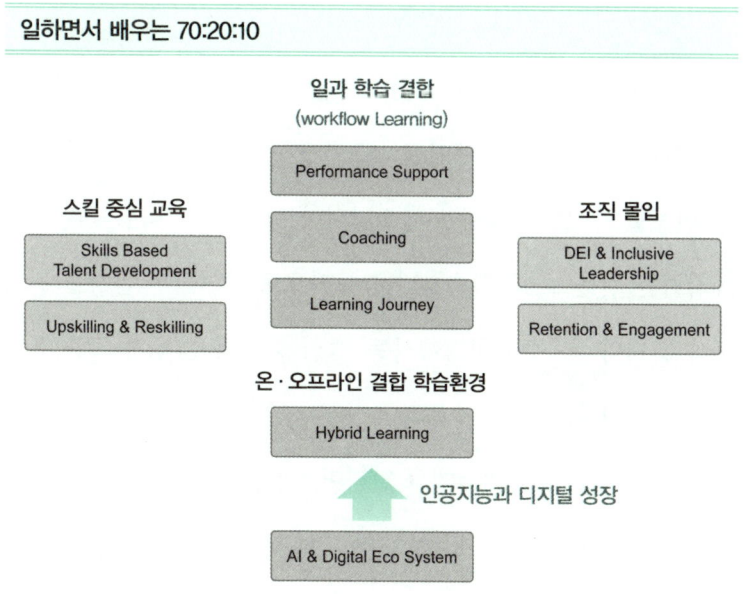

🔖 성과 중심 교육 평가 – 교육 ROI를 데이터로 측정하기

교육 효과를 성과로 증명하는 것이 점점 중요해지고 있습니다. 단순한 만족도 조사나 피드백 수집을 넘어, 성과로 연결되는지를 데이터로 분석합니다. 학습관리시스템(LMS)과 현업 성과 지표를 연계하여 교육 투자 대비 효과(ROI)를 수치로 보여주는 접근이 확산되고 있습니다. 교육을 '해야 하니까 하는 일'에서 '성과를 만드는 전략'으로 바뀌는 흐름입니다.

🔖 디지털 학습 경험 디자인 – 몰입을 설계하는 역량

온라인 교육의 효과는 단순히 콘텐츠를 업로드한다고 보장되지 않습니다. 게이미피케이션, AR/VR 등 학습자가 직접 몰입하고 반응할 수 있는 설계가 필요합니다. 교육자가 직접 콘텐츠를 제작하는 것을 넘어, 학습자가 능동적으로 참여하는 환경을 조성해야 합니다. 디지털 환경에서는 '경험 중심의 설계'가 교육 효과를 좌우합니다.

ATD는 매년 5월 미국에서 열리며, 국내에서는 6월 이후 다양한 디브리핑 세미나가 개최됩니다. 강사라면 꼭 한 번은 이 변화

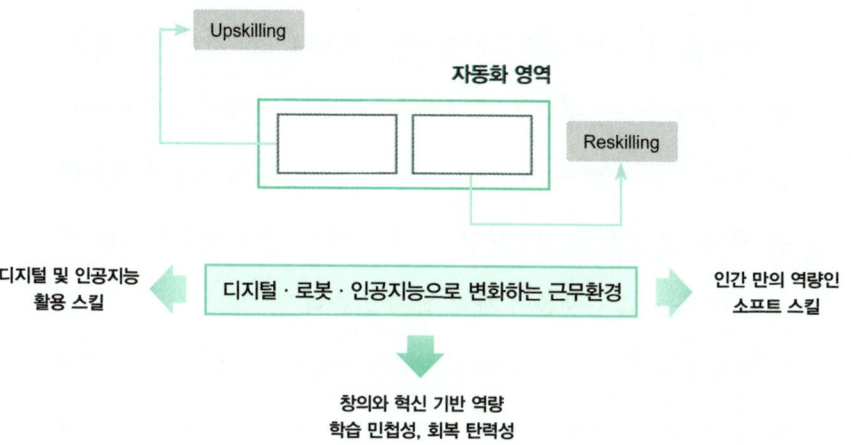

의 흐름을 체감해 보고, 자신만의 교육 방식에 어떻게 녹여낼지 고민해 보아야 합니다.

> 미래의 교육자는
> 지식을 전달하는 사람이 아니라,
> 기술과 함께 사고하는 사람입니다.

2) HRDer가 반드시 알아야 할 네 가지 도구와 개념

생성형 AI 시장은 빠르게 통합되고 있습니다. 지금은 이미지, 영상, 음악, 코드, 문서 등 분야별로 다양한 도구들이 쏟아져 나오고 있지만, 머지않아 하나의 플랫폼 안에서 통합된 기능을 제공하는 생태계로 수렴할 것입니다. 그 중심에는 GPT 계열 모델을 비롯한 다기능 AI 플랫폼이 자리 잡고 있습니다.

이제 교육자, 특히 HRDer는 AI를 단순히 '보조 도구'로 인식하는 수준을 넘어서야 합니다. 지금부터 소개하는 네 가지 플랫폼과 개념은 앞으로의 교육 환경을 설계하는 데 핵심적인 자산이 될 것입니다.

✎ ChatGPT – 강사의 창작 파트너이자 학습 설계 도우미

강사에게 가장 익숙하면서도 강력한 도구는 ChatGPT입니다. 시나리오 초안 작성, 대상자 맞춤 교안 설계, 퀴즈 및 피드백 자동 생성 등 콘텐츠 개발의 거의 모든 단계를 지원합니다.

또한, DALL·E를 활용한 이미지 생성, 문서 편집, 코딩 보조 기능까지 탑재되어 있어 학습 설계와 콘텐츠 제작을 하나의 인터

페이스에서 해결할 수 있습니다. 특히 '프롬프트 설계' 능력이 핵심 역량으로 떠오르고 있습니다. 어떤 질문을 던지느냐에 따라 출력물이 달라지는 만큼, 프롬프트는 강사의 사고력과 기획력을 반영하는 또 하나의 언어입니다.

Claude + MCP – 논리적 설계와 감성적 대화의 조화

Claude는 Anthropic에서 개발한 언어 모델로, 교육적 맥락 이해력이 뛰어나고 감성적인 대화가 강점입니다. 특히, MCP(Model Context Protocol)를 기반으로 다양한 개발 환경과 연동이 가능해졌습니다.

MCP는 AI와 개발 환경 간 통합된 맥락 정보를 주고받기 위한 표준 프로토콜입니다. 이를 활용하면 노션, 슬랙, 깃허브 등과 연결하여 '하나의 AI 허브'로 통합된 작업 환경을 구성할 수 있습니다. 교육 콘텐츠를 설계하고 관리하는 업무를 Claude 기반으로 통합하면 생산성과 몰입도가 모두 향상됩니다. 프롬프트 설계를 넘어 '컨텍스트 설계' 능력이 필요한 시대가 다가오고 있습니다.

Gemini + API – 확장성과 연결성을 모두 갖춘 플랫폼

구글의 Gemini는 검색 기반의 정확도와 풍부한 정보 탐색 기능이 강점입니다.

다중 언어 처리, 실시간 분석, 추천 기능 등에서 활용도가 높으며, 특히 API 연결성이 교육자에게 큰 장점이 됩니다.

API(Application Programming Interface)를 활용하면 AI 기능을 외부 프로그램과 연동해 학습자 맞춤 경로 제공, 자동 피드백, 콘텐츠 추천 등의 기능을 LMS와 통합할 수 있습니다. Google Workspace(Gmail, Docs, Sheets, Forms 등)와의 연동이 쉬워, IT에 익숙하지 않은 교육자도 직접 자동화를 설계할 수 있습니다. AI를 활용한 학습 환경 설계는 이제 선택이 아니라 경쟁력입니다.

Cursor & 바이브 코딩 – AI 시대의 콘텐츠 제작 방식

'바이브 코딩Vibe Coding'은 OpenAI 공동 창립자 안드레 카파시가 제안한 개념으로, 기능 구현보다 흐름과 아이디어 중심의 협업형 코딩을 의미합니다.

이제는 개발자가 아니더라도 AI와의 대화를 통해 콘텐츠 제작 툴, 퀴즈 앱, 피드백 도구 등을 직접 만들어볼 수 있습니다.

Cursor는 이 개념을 실현하는 대표적 도구입니다. VSCode와 유사한 인터페이스에 실시간 코드 설명과 수정 기능이 탑재되어, HTML, CSS, 자바스크립트를 몰라도 콘텐츠 제작이 가능합니다. 강사는 학습자 일지 앱, 실습형 과제 생성기 등 다양한 도구를 직접 기획하고 만들어볼 수 있습니다.

AI는 이제 하나의 기술이 아니라 교육 방식 자체를 바꾸고 있는 게임 체인저입니다. 강사는 더 이상 단순히 지식을 전달하는 존재가 아니라, 학습자와 함께 경험을 설계하고 의미를 연결하는 전문가로 변화해야 합니다.

AI 시대의 교육자는 정보 전달 방식의 학습 전이를 넘어, 학습자가 지식과 기술을 활용해 새로운 가치를 창출할 수 있도록 이끄는 '의미 설계자'가 되어야 합니다.

3) 강사는 계속 성장하는 사람이다 – 스스로를 점검하는 강사의 5단계 성장 모델

AI 시대의 변화는 강사에게 외부 환경에 대한 적응만큼이나, 자기 자신에 대한 성찰과 성장을 요구합니다. ATD 콘퍼런스를 통해 글로벌 교육 트렌드를 읽고, ChatGPT나 Claude 같은 첨단 도구를 익히는 것도 중요하지만, 진짜 중요한 질문은 다음과 같습니다.

"지금 나는 강사로서 어떤 모습인가?"
"멈춰 있는가, 아니면 나아가고 있는가?"

강사의 일은 결국 사람을 만나는 일입니다. 지식과 기술도 중요하지만, 결국 학습자와 진심 어린 관계를 맺고 신뢰를 주는 사람이 되어야 합니다. 이를 위해서는 끊임없이 자신을 돌아보고, 단계별로 성장해 나가야 합니다.

다음은 강사의 성장 과정을 5단계로 정리한 모델입니다. 스스로의 현재 위치를 점검하고, 다음 단계로 나아가기 위한 목표를 세우는 데 도움이 될 것입니다.

✎ 1단계 : Reader

"강의는 하지만 학습자와의 상호작용이 부족한 단계입니다."
이 단계의 강사는 주어진 자료를 중심으로 강의 흐름을 따라가며 진행합니다. 내용은 정확하지만, 학습자와의 소통이 적고 일방적인 설명에 그칠 수 있습니다. 강의 흐름을 잃지 않기 위해 '읽는 데' 집중하며, 피드백이나 반응을 놓치기 쉽습니다.

■ 실천 포인트
- 강의 흐름을 파악하고, 전달 방식을 다양화합니다.
- 학습자와 눈을 맞추고, 소통을 시도합니다.
- 질문을 받아들이고, 청중의 반응을 체크하는 연습을 합니다.
- 단순 설명이 아니라 사례와 비유를 활용해 생동감 있는 강의를 준비합니다.
- 강의 후 피드백을 수집하고, 개선점을 찾아봅니다.

2단계 : Speaker

"정보 전달을 넘어, 쉽게 이해시키는 능력을 갖춘 단계입니다."

이 단계의 강사는 개념을 쉽고 명확하게 전달하는 능력을 갖추고 있습니다. 예시와 비유를 적절히 활용해 학습자가 내용을 이해하도록 돕고, 학습자의 반응에 따라 설명의 방식과 깊이를 조정합니다.

■ 실천 포인트

- 어려운 개념은 쉬운 언어로 풀어 설명합니다.
- 이해 확인을 위한 질문을 중간중간 던집니다.
- 학습자가 스스로 사고할 수 있도록 유도합니다.
- 관련된 이야기를 통해 학습자의 관심을 이끕니다.
- 질문을 활용해 참여를 이끌며, 자신만의 강의 스타일을 만들어 갑니다.

3단계 : Guider

"학습 내용을 실무와 연결해주는 단계입니다."

강의는 종료와 동시에 실무에서 검증됩니다. 이 단계의 강사는 학습자가 배운 내용을 실제 업무에 적용할 수 있도록 방향을 제시합니다. 사례, 실습, 템플릿 등을 통해 실천을 유도하고, 교육 이후의 변화를 지원합니다.

■ 실천 포인트

- 강의 내용을 실무와 연결 지을 수 있도록 설계합니다.
- 즉시 활용할 수 있는 템플릿과 도구를 제공합니다.

- 실습을 포함시켜 참여도를 높입니다.
- 학습자의 경험을 공유하고, 이를 강의에 반영합니다.
- 실무 적용 후 피드백을 받을 수 있는 구조를 만듭니다.

🖋 4단계 : Consultant

"학습자의 실제 문제를 해결하는 강사입니다."

이 단계에서는 강의가 컨설팅으로 확장됩니다. 학습자의 고민을 직접 듣고, 실질적인 해결책을 제시하는 것이 핵심입니다. 문제를 진단하고 해결하는 강의는 현장에서 높은 몰입과 만족도를 이끌어냅니다.

■ 실천 포인트
- 강의 전, 학습자의 실무 고민을 미리 파악합니다.
- 강의 중 문제 상황에 대한 솔루션을 제공합니다.
- 강의 후 성과 변화를 측정할 수 있는 기준을 마련합니다.
- 다양한 사례를 제시하여 학습자가 스스로 해답을 찾도록 돕습니다.
- 컨설팅 능력을 기르고, 트렌드를 반영한 콘텐츠를 제공합니다.

5단계 : Mentor

"교육을 넘어, 영향을 주는 사람입니다."

멘토의 역할은 단순히 강의에 머무르지 않습니다. 강사는 자신의 철학과 삶을 통해 학습자에게 영감을 주며, 배움의 문화를 함께 만들어갑니다. 강의실 안팎에서 학습자와 연결되어, 조직의 변화를 함께 이끌어가는 리더로 성장합니다.

- **실천 포인트**
- 강의 이후에도 지속적으로 소통할 수 있는 커뮤니티를 운영합니다.
- 자신만의 교육 철학과 가치관을 정립합니다.
- 학습자의 삶과 성장을 도울 수 있는 진정성을 갖춥니다.

지금 여러분은 어느 단계에 와 있습니까? Speaker인가요, Guider인가요, 아니면 Mentor에 가까운가요? 누구도 단숨에 Mentor가 되지는 않습니다. 중요한 것은 '멈추지 않고 계속 나아가는 마음'입니다. AI도, 도구도, 트렌드도 결국 '좋은 강사'에게 힘이 되어줄 뿐입니다. 강사는 계속 성장하는 사람입니다. 그것이 교육의 본질이며, 우리가 삶으로 증명해야 할 메시지입니다.

핵심 정리

- ✓ 강사와 교육 담당자는 ATD 콘퍼런스 등 HRD 트렌드를 파악하여 교육 과정 설계에 반영해야 한다.

- ✓ 학습자들이 ChatGPT, Claude, Gemini와 같은 AI 도구를 적극 활용하여 현업 문제를 해결할 수 있도록 돕는다.

- ✓ 강사는 'Reader', 'Speaker', 'Guider', 'Consultant', 'Mentor'의 5단계 성장 모델을 통해 자신의 현재 위치를 파악하고, 지속적으로 발전해야 한다.

- ✓ 강사 스스로가 멈추지 않고 끊임없이 성장하려는 의지를 갖는 것이 가장 중요하다.

성장하는 조직을 만드는
사내 교육의 기술

초판 1쇄 발행 2025년 8월 9월 8일

지은이 나현진
펴낸이 양필성

책임 편집 박미경
디자인 노지혜

펴낸곳 모노북스
이메일 monobooks.one@gmail.com

ISBN 979-11-979308-5-0 (13320)

이 책은 저작권법에 따라 보호받는 저작물이므로 무단 전재와 무단 복제를 금지하며, 이 책 내용의 전부 또는 일부를 이용하려면 반드시 저작권자의 서면 동의를 받아야 합니다.